생명 있는
종교생활에서
벗어나라

초 판 1쇄 발행 | 2008년 8월 22일
초 판 15쇄 발행 | 2019년 11월 25일
초 판 16쇄 발행 | 2023년 4월 5일

저   자 | 류광수 목사
발 행 처 | 사단법인 세계복음화전도협회 | 도서출판 생명

주   소 | 서울시 강서구 강서로 56길 84(237센터)
홈페이지 | www.weea.kr

생명 있는
종교생활에서
벗어나라

글 류광수

도서출판 생명

행복한 인생을 꿈꾸는

아름다운 당신에게

세상에서 가장 소중한 선물을

드립니다

인생의 만 가지 문제 속 한 가지 참된 해답!
"주는 그리스도시요 살아 계신 하나님의 아들이시니이다" 마태복음 16:16
이 고백이 오늘, 나를 살아 숨 쉬게 하고 삶의 진정한 의미를 일깨운다.

삶의 현장에서
예수 그리스도의 생명을 누려라

지난 30여 년간 수많은 현장을 다니며 전도하는 동안 많은 사람들이 복음을 알지 못한 채 삶의 의미를 놓쳐버리고 방황하는 것을 보고 늘 마음에 애통함이 있었습니다.

또한 교회에 다니는 사람들조차도 기독교의 핵심 진리인 복음을 잘 알지 못한 채 그리스도인이라면 당연히 누려야 할 기도와 전도, 특히 삶 속에서 저절로 되어지는 전도의 비밀을 누리지 못하고 있는 것을 목도하곤 늘 마음이 안타까

었습니다.

하나님은 이미 우리를 위해 완전한 구원의 주이신 예수 그리스도를 통해 하나님을 만날 수 있는 길을 열어 놓으셨습니다. 예수가 인생 모든 문제의 해결자인 그리스도이심을 믿고 영접한 자는 하나님의 자녀가 되는 최고의 축복을 받게 됩니다.

구원받은 하나님의 자녀는 하나님이 주신 특별한 권세를 소유함과 동시에 하나님께 기도할 수 있는 특권도 얻게 됩니다. 그런데 실제 현장을 들여다보면 이 놀라운 비밀을 알지 못해서, 혹은 깨닫지 못해서 기도와 전도가 너무 어렵다, 아무리 기도해도 응답이 없다며 고민을 토로하는 이가 많습니다.

과연 기도 응답과 전도가 그토록 힘들고 어려운 것일까요? 그간 전도 현장에서 영혼 구원을 가슴에 품고 기도하며, 성경에 나타난 전도방법 그대로 복음을 선포했을 때 하나님은 영적인 비밀과 실제적인 현장의 증거들을 보여 주셨고 기도 응답과 전도는 억지로 하는 것이 아니라 저절로 되어지는 누림임을 체득하게 하셨습니다.

이에 실제로 그리스도인의 삶 속에서 기도와 전도가 되어지고 구원의 감격과 기쁨이 넘쳐나길 열망하는 마음을 담아 이 책을 출간하게 되었습니다. 이 땅의 모든 그리스도인들이 하나님이 주신 특별하고도 소중한 축복을 누림으로 활력 넘치고 멋진 전도자의 삶을 사는데 이 책이 훌륭한 영적 자양분이 되길 바랍니다.

사단법인 세계복음화 전도협회장

류광수 목사

| 차 례 |

창 세기를 보면 해, 달, 별을 만들기 전에 하나님은 "빛이
있으라"고 말씀하셨다. 그 빛은 모든 생명을 살리는
빛이다. 예수님이 바로 그 빛으로 오셨다. 그 빛이 영접하는
자 속에 임하고, 그 생명의 빛을 받아들이는 것이 영접이다.
생명의 빛, 창조의 빛, 영광의 빛이 비취게 되면 놀라운 일이
일어나게 된다. 전도란 예수 그리스도를 증거하고 설명하러
가는 것인데 그 전도의 열쇠가 바로 영접이다.

1 특별한 초대

영접

생에 특별한 날

"목사님, 저래 뵈도 200만 원이나 하는 부적입니다. 저렇게 해 놓으면 둘 중의 하나는 봐주지 않겠습니까?"

부산에 있는 모 공업사의 사장님이 예배를 드려달라고 요청해서 그 집을 방문한 적이 있었다. 그런데 눈앞에 깜짝 놀랄 광경이 펼쳐져 있었다. 벽에 걸어 놓은 십자가 옆에 부적이 떡 하니 붙여져 있는 것이 아닌가. 도대체 무슨 일인가 하고 그 연유를 물었더니 그가 하는 말이 걸작이다.

기가 막혀서 아연실색해 있는 내게 그가 드디어 숨겨져 있던 속내를 드러냈다.

"목사님, 실은 제가 삶에 기쁨이 없고 너무너무 맘고생이 심해서요."

그는 유능하고 성공한 사업가였지만 세상의 부요로는 결코 해결할 수 없는 영혼의 무거운 짐을 지고 있었던 것이다. 가끔씩 교회는 다니지만 복음을 알지 못하고 하나님과 세상 사이에서 갈팡질팡하던 그의 인생은 그날 예배를 통해 전환점을 맞게 되었다. 예수님이 인생 모든 문제의 해결자라는 정확한 복음을 전해 듣고 예수 그리스도를 마음속에 주인으로 영접함으로써 새로운 인생을 살게 된 것이다.

대기업 회장의 주치의면서 우리나라에서 최고가는 의사인 서모 박사가 갑자기 쓰러졌는데 알고 보니 병명이 간암이었다. 그런데 이미 암세포가 온몸에 퍼져 수술이 불가능한 상태였다. 더 이상 손쓸 수 없음을 알게 된 그는 심각한 무기력과 혼란에 빠졌다.

'일평생 공을 들이고 종교생활을 열심히 했는데도 왜 이런 일이 생긴 걸까? 최고의 의사로 인정받으면서도 정작 내 문제를 해결하지 못하는 이유는 뭘까? 정기적으로 신체검사를 꾸준히 받아왔는데도 암이 이 정도로 급속히 번진 이유는 또 뭐지? 젠장, 나는 무엇 때문에 이렇게 두려운 거야? 인생의 마지막을 준비해야 할 지금 시점에서 난 앞으로 어디로 가게 될까?'

한없이 쏟아져 나오는 해답 없는 질문이 그의 마음을 더욱 고통스럽게 옥죄어 왔다. 그런데 다행히도 그는 죽기 일주일 전에 한 목사님을 통해 자신이 구원받아야 할 죄인임을 깨닫고 예수님을 구주로 영접하여 하나님의 자녀가 되었다. 그리고 자신에게 주어진 일주일 동안 지상에서 가장 가치 있고 아름다운 일에 남은 시간을 쏟아 부었다. 그는 주위의 많은 이에게 다음과 같은 편지를 써 보냈다고 한다.

"제가 너무 늦게 깨달았습니다. 지금이라도 당신이 하나님을 만나길 기도합니다."

9월에 죽게 된다는 점쟁이의 말에 두려움과 불안을 이기지 못하고 벌벌 떨던 어떤 사람이 어느 날 전도자를 통해 예수님이 운명과 저주, 미신, 사주팔자에서 인간을 해방시키고 구원하신 그리스도라는 사실을 듣게 된 후 믿음으로 예수님을 인생의 주인으로 마음속에 모셔 들이게 되었다.

그 후 그는 모든 두려움에서 벗어나 영혼의 참된 자유를 얻어 다음과 같이 고백했다.

"운명과 사주팔자도 하나님의 자녀에게는 영향력을 행사하지 못한다는 것을 확실히 알았습니다. 예수님을 영접하여 하나님의 자녀가 된 후 저는 이제 더 이상 두렵지 않습니다."

하나님의 특별한 초대, 영접

많은 사람들이 자신도 모르게 찾아온 인생의 문제로 고통스런 삶을 위태롭게 이어나가고 있다. 인생의 무거운 질고와 고통을 지고 절망 속에서 힘겹게 살아가는 이들이 있으며, 그토록 착하게 살아왔는데도 자신의 노력과 의지와 상관없이 연속되는 사건사고 속에서 철저히 무너진 삶 앞에 울분을 토하는 이들도 있다. 계속되는 실패로 낙심하여 삶의 이유를 놓쳐버리고 이리저리 방황하며 보람 없는 나날을 보내는 이들 또한 부지기수다. 부모가 가진 악한 습관과 치유되지 않는 질병, 정신병, 재앙을 고스란히 물려받아 영육간에 시달림을 당하는 이들도 많다.

나는 지난 30여 년간 전도현장에서 갖가지 사연을 가진 많은 이들을 만나보았다. 그들 중 대부분은 해결할 수 없는 인생 문제에 걸려 심각한 내적 고통을 당하고 있었고, 자신도 모르게 찾아온 어려움 속에서 해답을 찾아 방황하다가 '다른 길'로 접어들어 오히려 더욱 심각한 어려움을 당하는 경우도 적잖이 보았다. 심지어 교회에 다니는 이들조차도 예수 그리스도가 누구신지 알지 못한 채 구원의 확신 없이 마치 불신자처럼 고통 받으며 살아가는 것을 보고 애통해했던 적도 많았다.

나는 그들이 직면해 있는 만 가지 문제의 근본 원인과 그 문제에서 빠져나오는 유일한 해답이 오직 성경에만 명확히 나와 있다는 사실을 확실히 믿고 체험했다. 또한 사랑과 능력의 하나님이 행복을 갈망하는 인간에게 이미 완전한 구원의 길을 준비해 주셨음을 깊이 있게 확인했다. 인기, 명예, 부, 권력 등 인간이 스스로 행복하다고 여기는 순간적인 행복의 가치가 아닌, 사람의 영혼을 만족케 하는 인생의 참된 행복이 어디로부터 오는지, 참된 행복에 이르는 길은 무엇인지를 오직 성경에서만 명쾌하게 밝히고 있는 것을 현장^{現場}에서 쉼 없이 목도했다.

몹시도 가난했던 어린 시절, 난 부모님의 손에 이끌려 억지로 끌려 다니다시피 교회를 다녔었다. 그러나 아무도 내게 진리의 복음을 정확하고 속 시원하게 가르쳐주지 않았다.

내가 중학교 1학년 때 아버지는 지병인 위장병으로 시달리다가 53세를 일기로 돌아가셨고, 2남 2녀의 장남으로 어머니를 도와 집안 경제를 책임져야 했던 나는 청소년기를 방황하며 보내다 교회도 발길을 끊어버리고 대학진학마저 포기하고 말았다. 설상가상으로 어머니의 도움을 받아 차린 스웨터 공장이 그만 부도나는 바람에 빈손으로 길바닥에 나앉게 되었다. 20대 초반에 인생의 쓴 맛을 본 나는 끝없는 내적 갈등으로 비틀거리며 심각한 방황을 거듭하게 되었다.

그러던 어느 날 좌절감과 패배의식을 잔뜩 안고 집으로 온 나는 그날도 변함없이 새벽기도를 마치고 돌아오시는 어머니를 보며 대뜸 이런 질문을 던졌다.

"어머니, 날 위해 얼마나 기도합니까?"

어머니는 대답 대신 당신의 치마 끝자락을 걷어 올리셨고 어머니의 가느다란 무릎은 5년여의 세월을 엎드려 쉼 없이 기도한 상처로 피멍이 들어 있었다. 순간 가슴이 먹먹해지면서 명치끝이 짠하게 아려왔다.

그날 아침, 내 인생의 거침없는 방황은 막을 내렸고 지난날의 방황을 발판 삼아 청소년과 청년에게 복음을 전해야겠다는 굳은 결심을 하게 되었다.

그 후 신학을 공부하게 되면서 방황, 불신앙, 타락, 실패, 원망, 포기, 가난 속에 찌들려 있던 내게 하나님은 당신의 말씀이 살아 역사하신다는 사실을 확인시켜 주셨다.

부교역자 시절, 어린이 전도를 통해 많은 아이들이 복음을 듣고 변화되는 것을 보고 전도에 관한 확신을 얻게 되었고, 청소년 전도를 통해 문화권 속에서의 청소년 전도와 방황하는 청소년을 가슴으로 보듬으며 오직 복음만이 그들을 진정으로 변화시킬 수 있다는 사실을 깨닫게 되었다. 또한 청년, 공단, 대학 전도를 통해 실제적인 제자 훈련에 관한 맛을 보게 되었으며 이는 훗날 전도훈련의 발판을 놓는 계기가 되었다. 부목사 시절, 안창마을 무속인 전도를 통해서는 사탄의 세력과 영적 문제, 예수님이 말씀하신 성도의 신분과 권세에 관한 비밀을 실제로 깨닫고 이해하게 되었다. 무엇보다 성경에 이에 관한 기록이 많이 있는 이유를 하나님을 모르는 사람들의 삶을 실제로 체험하면서 깊이 있게 알게 되었다.

현장에서 말씀이 성취되는 비밀과 인간의 근본 문제를 해결하신 예수 그리스도에 관해 깨닫게 되고 예수 그리스도의 어마어마한 비밀을 알고 난 뒤부터 내 삶은 달라지기 시작했다. 하루도 빠짐없이 전도에 관한 생각을 하고 있는 나 자신을 발견하게 된 것이다. 그래서인지 반드시 전도현장에 갈 수밖에 없는 일이 생기거나 복음 들을 사람이 찾아오는 등 하나님은 내 삶이 늘 전도현장에 있도록 인도하셨다.

현장, 그곳에서 나는 이 땅에 들이닥친 수많은 문제의 근본 원인이 무엇인지를 발견하게 되었고 그 후로부터는 가는 곳마다 이 놀라운 비밀을 선포하기 시작했다.

감기에 걸리면 아무 병원에나 가면 되지만 중병에 걸린 사람은 자신의 병을 고칠 수 있는 명의^{名醫}나 유명한 병원을 찾아 천 리 길도 멀다 않고 찾아가는 법이다. 하나님을 떠나 그 영혼이 생명을 잃고 영적인 기갈이 들린 사람들은 자신의 문제를 들고 절박한 심정으로 이리저리 해답을 찾아 헤매며 하나님의 사람들에게 무언의 사인을 보내고 있다. 하나님은 내게 그들의 아픔을 느끼며 내 안에 구원자로 오신 예수 그리스도를 증거하는 영적 의사의 직무를 맡겨 주셨다. 그 사역^{使役}은 내게 있어 생의 목적이라 할 만큼 더없이 소중하고도 행복한 일이다.

예수 그리스도를 마음속에 모셔 들인 후 죽었던 한 영혼이 새 생명을 얻는 광경을 보는 증인이 되는 것, 한 사람의 인생을 바꾸는 전환점이 되는 은혜의 복음을 전하는 것, 그것은 내게 참으로 아름답고 감격스런 일이 아닐 수 없다. 하나님은 이 놀라운 생명사역을 전도자를 통해 날마다 행하고 계신다.

생명의 길 되신 예수 그리스도를 날마다 발견하고
누리며 전하는 것이야말로 인생의 참된 기쁨이다.

그래서 나의 매일은 그 어디서건, 그곳이 비행기든, 택시든, 약속된 만남에서든, 식당에서든 관계없이 예수님의 이름을 증거하는 전도자의 삶 속에서 깊이 있는 생명의 누림을 맛보고 있다.

최근에 이루어진 만남 또한 그러한 생활의 연속선상에서 일어난 일이다. 그것은 벽제까지 가는 택시 안에서 이루어진 일이었는데 택시 기사는 벽제로 가자는 내 말에 대뜸 이렇게 말했다.

"왜 사람들이 이 시간에 벽제에 가자고 하지요?"

그 질문이 이상해서 난 그에게 무슨 말인지 되물었다.

"글쎄 말예요. 요즘 아무래도 내가 이상해요."

"왜요? 무슨 일 있어요?"

"요 며칠 전에 벽제 쪽으로 택시를 몰고 가는데 그날따라 비가 오지 뭡니까? 그런데 저 멀리서 어떤 여자가 비를 맞고 서 있는 거예요. 택시를 보고는 세워달라는 손짓을 하기에 순간 섬뜩해서 안 세웠더니 방금 앞에 있던 사람이 어느새 저 앞에 서 있는 게 아닙니까? 온몸에 소름이 돋아서 도통 운전을 못 하겠어요."

그는 한숨을 푹푹 내쉬며 근심이 가득한 눈초리로 멍하니 앞만 응시한 채 핸들을 잡고 있었다.

"그때부터 밥맛도 없고 죽을 지경이에요. 그 여자를 보고 난 후에는 정신이 아득한 것이 하루하루가 힘들어요. 그래도 택시 운전을 안 할 수는 없어서 오늘도 나온 거예요. 이젠 벽제 얘기만 나와도 덜덜 떨립니다."

난 그의 상태가 짐작되고도 남았다. 나는 그에게 택시를 세워달라고 부탁하고는 차분한 어조로 최근 그에게 일어난 의문의 일과 두려움의 실체, 그 모든 문제를 해결하는 단 하나의 길인 예수님에 관해 조용히 선포하기 시작했다. 예수님이 왜 이 땅에 왔으며, 그분은 누구신지, 그리고 왜 그분을 믿어야 하는지에 관해 그가 충분히 알아듣기 쉽게 전달했다.

그는 끝까지 갈급한 맘으로 내 말을 주의 깊게 경청했다. 나는 예수님이 인생 모든 문제의 해결자이신 그리스도라는 사실을 설명했고 '영접하는 자 곧 그 이름을 믿는 자들에게는 하나님의 자녀가 되는 권세'를 주셨다는 사실도 설명했다. '마음으로 믿어 의에 이르고 입으로 시인하여 구원에 이른다'라는 말씀과 '누구든지 주의 이름을 부르는 자는 구원을 받게 된다'는 말씀도 전했다. 그는 지금껏 이 비밀을 알지 못하고 살아왔지만 이 모든 말씀은 그의 영혼이 그토록 갈망해 마지않던 것이었음은 부인할 수 없는 사실일 것이다.

"기사님이 예수 그리스도를 믿고 마음속에 영접하면 지금 즉시 두려움의 주관자인 사탄의 권세에서 벗어나 하나님의 자녀가 되어 죄와 저주, 지옥 권세에서 완전히 자유를 얻게 됩니다. 예수님을 믿으시겠습니까?"

"네, 물론입니다."

"지금 바로 기도로 예수님을 마음속에 모셔 들일 수 있습니다. 기사님은 기도할 줄 모르기 때문에 제가 기도를 도와 드리겠습니다. 제가 하는 기도를 믿고 따라하면 그 기도는 곧 기사님이 기도하시는 것이 됩니다. 예수님을 마음속에 모셔 들이는 영접기도를 하시겠습니까?"

"예."

그의 인생에 기적적인 반전이 찾아온 순간이었다. 그는 믿음으로 한마디, 한마디 힘주어 기도를 따라했다. 벅차오르는 은혜를 억누르지 못한 듯 그의 눈가가 어느새 촉촉해졌다.

"선생님, 예수님을 영접하는 순간에 제 속에서 뭔가 어두운 것이 빠져나간 것 같습니다. 눈물은 나는데 맘은 너무 평안하고 기쁩니다."

한 영혼이 예수 그리스도를 통해 하나님을 만나는 은혜의 광경을 보니 내 마음도 뭉클했다. 이 순간 그에게 성령이 역사하신 것이 분명했다. 이것은 정녕 그와 나만이 아는 비밀일 것이다.

나는 그에게 내가 목사라는 사실을 이야기하고 복음이 담긴 작은 책자를 건넸다. 가까운 교회로 나가 지속적으로 하나님의 말씀을 들으라고도 권면했다. 짐작건대 그는 교회에 가지 말라고 해도 갈 것이다. 그는 하나님의 아주 특별한 초대에 응했고, 믿음으로 예수 그리스도를 영접함으로 그의 영혼이 하나님의 자녀로 영원히 거듭나는 생에 특별한 날을 맞이했기 때문이다.

예수 그리스도를 믿게 된 것은 하나님의 선물이며
예수 그리스도를 전하는 것 역시 하나님의 은혜이다.

왜 예수님을 영접해야 하는가?

예수 그리스도는 우리를 구원하는 참된 생명의 빛으로 오셨다. ^{요한복음 1:1-11} 하나님을 떠나 어둠 가운데 있던 우리에게 참된 생명을 전하는 구원의 빛으로 오신 것이다. 불을 켜지 않으면 절대 어둠이 물러가지 않듯이 영적으로도 마찬가지이다. 예수님이 누구신지 올바로 알고 구주로 영접하기만 하면 흑암의 세력은 예수 그리스도의 빛 앞에 옴짝달싹 못하고 떠나 버린다. 이 빛은 우리가 흔히 볼 수 있는 태양빛이나 전깃불과 같은 것이 아니다. 창세기 1장 3절에 나타난 창조의 빛이며 생명의 빛이다. 이 사실을 바로 알고 예수님을 영접하면 하나님을 떠난 영혼에 생명의 빛이 임하게 되는 것이다.

그렇다면 언제부터 인간에게 이러한 심각한 어둠의 문제들이 닥치게 된 것일까? 하나님 안에서 행복하게 살도록 창조된 인간에게 문제가 들이닥친 것은 하나님을 떠난 순간부터다. 눈에 보이지 않는 사탄이 인간을 유혹하여 하나님의 말씀을 불순종하는 죄를 짓게 하여 하나님을 떠나게 하고 하나님을 모르도록 막아버렸다. 사탄에게 장악된 인간은 그 눈이 어두워져 심지어는 하나님을 부인하는 심각한 상황에까지 이르게 되었다.

인간에게 고통과 저주를 가져다주는 사탄은 눈에 보이지 않기에 언제든지 드러나지 않게 은밀히 역사한다. 전과 7, 8범인 사람이 출소한 지 얼마 되지 않아 또 그가 저지른 악한 범죄를 되풀이하게 되는 것은 배가 고파서가 아니다. 안 하려고 하는데 자신도 모르는 사이에 그와 같은 끔찍한 일을 저지르게 되는 것이 문제이다. 공원에 운동하러 나온 여고생을 무참하게 칼로 찔러 죽인 30대 범인은 "아무나 죽이러 공원에 갔다."라고 무덤덤하게 진술했다. 그는 평상시에 아무런 문제도 없는 것처럼 보였지만 그에게 내재해 있던 영적 문제가 어느 한순간 드러나 자신도 통제할 수 없는 지경에 이르러 끔찍한 범행을 저지르고 만 것이다. 무속 현장에서 만난 어떤 할머니는 집안에 우환이 끊이지 않고 늘 몸이 괴롭고 아파 병원에 가보았는데 병명이 나오지 않아 괴로움의 연속인 나날을 보내다가 결국은 신을 받아 무속인의 길을 가게 되었다고 했다. 자식만큼은 이 길을 가지 않았으면 했는데 그만 딸까지 똑같은 증상이 와서 작두 무당이 되고 말았다고 한다.

하나님을 떠나 사탄에게 장악된 인간은 하고 싶지 않지만, 자신의 의지로는 자신에게 들이닥친 이유 없는 고통과 저주를 끊을 수 없어 그와 같은 일을 반복하게 되고, 이것이 점점 심해지면 결국은 어찌할 수 없어 파멸의 늪으로 빠지게 되는 지경까지 이르고 만다. 이것이 바로 영적 문제의 결과이다. 부모로부터 내려온 영적 문제를 해결하지 못하면 그 자녀 또한 영적으로 흑암의 세력에 사로잡혀 영원히 빠져나오지 못하게 되는데, 이것을 영적 대물림이라고 한다.

인간에게 실패와 고통이 닥친 이유는 하나님을 떠났기 때문이요, 이 땅에 멸망 받을 일들이 생겨나는 것은 사탄의 역사 때문이다. 죄와 저주, 재앙에서 빠져나오는 길은 어디에도 없다. 하지만 이 세 가지 인간의 영적인 문제를 해결한 이름이 바로 참 선지자, 참 왕, 참 제사장이신 예수 그리스도이시다.

'그리스도'라는 말은 아무에게나 쓸 수 있는 말이 아니었다. 예수님이 오시기 전인 구약시대에는 하나님의 말씀을 대언代言하는 일을 맡은 선지자가 될 사람의 머리에 기름을 부어 세웠다. 또한 장차 이스라엘의 왕이 될 사람의 머리에는 대제사장이 기름을 부어 세웠다. 백성의 죄에 대해 속죄하는 제사를 담당하는 일을 맡은 제사장이 될 사람에게도 이스라엘의 법에 따라 세례를 주듯 머리에 기름을 부었다. 왕, 제사장, 선지자 이 세 가지 직분을 합친 이름이 '기름부음 받은 자'라는 뜻의 그리스도이다.

아무리 몸부림을 쳐도 인간의 힘과 노력, 의지로는 하나님을 만날 수 없기에 하나님을 만나는 길을 열어 놓은 참 선지자가 예수 그리스도시요, 사탄의 세력을 결박시킨 만왕의 왕이시요, 세상을 다스리시는 만주의 주가 되신 분이 바로 예수 그리스도시다. 또한 인간의 힘으로 절대 해결할 수 없는 죄의 문제를 완전히 해결하신 참된 제사장이 바로 예수 그리스도이신 것이다.

사랑과 은혜가 풍성하신 하나님은 우리에게 단지 예수님이 그리스도로 오셔서 우리 인생의 모든 문제를 해결하셨다는 사실을 '믿으라!' 고 말씀하신다. 우리의 힘으로는 죄와 저주, 멸망에서 빠져나올 수 없기 때문에 '구원의 주되신 예수 그리스도와 그가 하신 일을 믿으라!' 고 말씀하시는 것이다. 예수님을 영접하는 순간 하나님의 성령이 우리의 마음속에 영원히 함께하시기에 모든 저주는 없어지고 운명조차 완전히 바뀌어 버린다. 바로 이것이 믿을 때 나타나는 성령의 역사이다. 우리를 죄악 가운데 내버려 두지 않고 은혜의 문을 여신 하나님께서는 단 하나, 우리에게 신실한 믿음만을 요구하신 것이다.

예수님을 나의 구주로 영접한다는 말은 죽었던 영혼이 새 생명을 얻는다는 말이며, 이 언약을 붙잡고 기도하는 자에게 성령이 함께하시는 실제적인 증거가 일어나게 된다. 또한 예수 그리스도를 영접할 때 앞으로 받게 될 모든 저주와 재앙, 지옥의 문제에서 완전히 해방 받게 된다. 따라서 '예수, 당신이 바로 그리스도' 라고 고백하는 것은 하나님께는 최고의 영

광이 되는 말이며, 사탄의 세력을 일순간에 궤멸시키는 능력
의 고백인 것이다.

영접, 그 놀랍고도 풍성한 축복

그릇에 무엇이 담기느냐에 따라 그 그릇의 이름이 달라진다. 물을 담으면 물그릇이 되고, 기름을 담으면 기름 그릇이 된다. 마찬가지로 영혼의 그릇에 무엇이 담기는가에 따라서 우리의 신분이 달라진다.

예수님을 영접하면 눈에 보이지 않는 성령께서 그 사람 속에 내주하신다. 성령이 그 마음속에 계신 자는 마귀의 자녀에서 신분이 바뀌어 하나님의 자녀가 되는 특별한 권세를 얻게 된다. 더 이상 운명과 흑암의 세력은 구원받은 하나님의 자녀를 넘어뜨릴 수 없다. 예수님을 구주로 영접한 순간, 원죄와 자범죄, 사주팔자, 운명, 미신에서도 완전히 해방되기에 예수님을 영접한 사람은 더 이상 우상을 숭배할 필요도, 미신을 지킬 필요도 없게 된다. 그리스도 예수 안에 있는 생명의 성령의 법이 죄와 사망의 법에서 그를 완전히 해방시켰기 때문이다. 로마서 8:2

우리 각자는 연약하지만 구원받은 자 속에 예수님이 계시기 때문에 완전한 자이며 구원받은 자 속에 그리스도의 비밀이 감추어져 있기 때문에 놀라운 비밀을 소유한 자인 것이다. 바울은 이 비밀을 깨닫고 난 후에 "우리가 이 보배를 질그릇에 가졌기에… 사방으로 우겨쌈을 당하여도 싸이지 아니하며 답답한 일을 당하여도 낙심하지 아니하며 박해를 받아도 버린 바 되지 아니하며 거꾸러뜨림을 당하여도 망하지 않는다" 고린도후서 4:7~9 라고 고백했다. 예수님을 구주로 영접하면 죄와 저주, 지옥 권세, 사탄의 세력에서 해방되어 영원히, 완전히 새 생명을 얻게 된다.

창세기를 보면 해, 달, 별을 만들기 전에 하나님은 "빛이 있으라"고 말씀하셨다. 그 빛은 모든 생명을 살리는 빛이다. 예수님이 바로 그 빛으로 오셨다. 그 빛이 영접하는 자 속에 임하고, 그 생명의 빛을 받아들이는 것이 영접이다. 생명의 빛, 창조의 빛, 영광의 빛이 비취게 되면 놀라운 일이 일어나게 된다. 전도란 예수 그리스도를 증거하고 설명하러 가는 것인데 그 전도의 열쇠가 바로 영접이다.

구원받은 자 속에 주의 성령께서 내주하시기에 이는 기도 응답의 모든 조건을 다 갖춘 것이라고 볼 수 있다. 예수님은 십자가에서 법대로 죽으셨고 법대로 부활하여 승리하셨다. 또한 십자가에서 피 흘리심으로써 법대로 인간이 저지른 모든 죄의 대가를 지불하셨다.^{창세기 2:17} 따라서 예수님을 영접했다는 말은 하나님의 응답을 받을 수 있는 모든 조건을 다 갖추었다는 말이며, 동시에 기도의 조건을 모두 소유한 것이다. 천하보다 귀한 한 생명을 건져내는 축복이 바로 영접이다. 예수 그리스도께서 그 마음의 주인이 된 자는 모든 것을 소유했다고 볼 수 있다. 구원받은 자 속에 계신 주 예수 그리스도와 성령은 완전한 하나님이시다. 이 비밀을 깨닫는 것이 영접이다.

하나님의 눈으로 볼 때 영접은 그 속에 하나님의 생명이 심겨지는 것이요, 하나님의 언약이 그 속에 체결되는 순간이다. 하나님은 예수 그리스도를 영접한 당신의 자녀를 단 1초도 놓치지 않고 불꽃같은 눈으로 지키고 보호하신다. 하나님의 자녀에게는 예수 생명이 있기에 가는 곳마다 승리하고, 사탄의 세력이 그 이름 앞에 벌벌 떠는 일이 일어난다.

마귀는 사람들이 이 놀라운 영적 비밀을 모르기를 원하며 이 사실을 너무 두려워한 나머지 이 놀라운 축복과 권세가 있는 줄 모르게 성도를 속인다. "내가 너희에게 뱀과 전갈을 밟

으며 원수의 모든 능력을 제어할 권능을 주었으니 너희를 해칠 자가 결코 없으리라" ^{누가복음 10:19}는 말씀에서도 알 수 있듯 예수 그리스도를 영접하는 순간 하나님의 자녀는 이미 사탄의 능력을 꺾을 수 있는 모든 권세를 얻게 된다. 하나님의 자녀가 되었다는 확실한 고백이자, 선포가 바로 영접이다.

왕이 거하는 집을 왕궁이라고 하듯, 하나님이 거하시는 곳을 성전이라고 한다. 따라서 하나님의 영인 성령이 거하시는 구원받은 자가 곧 성전인 것이다. 영접은 나를 구원하기 위해 하나님이 내 안에 임하시는 비밀이다. 성부 하나님이 말씀하시고, 성자 하나님이 사람의 몸을 입고 이 땅에 와서 그 말씀을 다 성취시키셨다. 그리고 성령 하나님이 믿는 자의 마음속에 거하신다. 이는 너무나 놀라운 구원의 비밀이다.

또한 영접은 성령으로 인침을 받는 것인데 이는 쉽게 말하면 한 영혼이 영접을 통해 구원받은 하나님의 자녀가 되었음을 성령으로 도장 찍는 것을 말한다. 영접하는 바로 그 시간은 한 사람의 인생에 있어 최고의 축복된 기회이다.

하나님의 자녀는 성령의 도움뿐 아니라 하나님이 보내신 주의 천사의 도움도 받게 된다. 또한 예수님의 이름으로 사탄의 세력을 꺾을 수 있는 엄청난 축복도 받았다. 예수 그리스도를 구주로 영접한 순간 사탄과의 관계는 영원히 끝나게 되며, 이후로는 구원받은 자 안에 계시는 예수님의 이름으로 사탄과 더불어 싸워야 한다. 사탄의 세력에서 완전히 해방되고 그 이름으로 기도할 때 권능이 나타나는 것, 이것이 바로 영접이다. 이 놀라운 비밀을 전파하는 것이 전도요, 이 축복을 누리는 길이 영접이다.

하나님께서는 "영접하는 자 곧 그 이름을 믿는 자들에게는 하나님의 자녀가 되는 권세를 주셨으니" 요한복음 1:12 라고 말씀하셨다. 이 사실을 알고 예수님을 영접하고 기도하면 성경에 약속된 대로 하나님의 자녀가 되는 권세를 누리게 된다.

만약 당신이 지금껏 예수 그리스도를 알지 못한 채 살아왔거나, 교회를 다니고는 있지만 예수 그리스도에 관해 잘 모른 채 영접의 축복을 놓치고 있었다면 바로 지금 믿음의 기도를 통해 예수 그리스도를 마음속에 모셔 들일 수 있다.

하나님의 놀라운 사랑과 구원의 계획에 감사드립니다. 지금까지 저는 하나님을 떠나 죄와 사탄과 지옥의 권세 아래 살았습니다. 마음의 공허함을 채우기 위해 종교를 가져보기도 하고 착하게 살아보려고 노력했지만 하나님을 만날 수 없는 죄인인 것을 알았습니다. 이런 나를 위해 예수님이 십자가에서 죽으시고 부활하심으로 내 모든 문제를 해결해주신 것을 믿습니다. 지금 마음의 문을 열고 예수님을 그리스도로, 나의 주인으로 모십니다. 지금 내 마음속에 오셔서 영원토록 함께하시고 인도해 주옵소서. 예수님의 이름으로 기도합니다. 아멘.

당신이 믿음으로 기도했다면 예수 그리스도께서 당신의 마음속에 영원히 함께하시며 인도하신다는 사실을 믿으라. 당신은 이제 하나님의 자녀가 되어 영원한 생명을 얻게 되었다.

예수님이 내 마음 속에

어느 날 아이가 식탁에 앉아 연거푸 한숨만 푹푹 내쉬며 심각한 고민에 빠져 있기에 왜 그러냐고 물어보았다. 아이는 정말 큰일이라도 난 듯 심각한 표정으로 이렇게 말하는 것이 아닌가.

"제가 오늘 예수님을 마음속에 영접했잖아요. 그런데 밥을 먹으면 내 안에 계신 예수님이 그 밥을 다 뒤집어쓰실 게 아녜요. 그러면 예수님이 옷을 다 버리실 것 같아서요."

그 얘기를 듣고 한참을 웃었던 기억이 난다.

예수님을 영접했다는 말은 예수님이 눈에 보이지 않게 성령으로 우리와 함께하신다는 뜻이다. 예수님을 구주로 영접하는 기도를 할 때 당신 속에는 약속하신 대로 하나님의 영인 성령께서 임하신다. 성경에서는 이를 이렇게 말씀하고 있다.

"너희는 너희가 하나님의 성전인 것과 하나님의 성령이 너희 안에 계시는 것을 알지 못하느냐"_{고린도전서 3:16}

성령은 눈에 보이지 않기에 성령이 임했을 때 배가 부른다거나 코가 시원해지는 것과 같은 특별한 일은 일어나지 않는다. 하지만 하나님의 영인 성령이 임하기 때문에 그 인생이 사망에서 생명으로 옮겨 절대로 망하지 않게 된다는 것만은 분명한 사실이다.

예수 그리스도를 영접하는 순간 우리 안에 있던 흑암과 저주, 죄의 권세는 영원히 없어져 버린다. 우리 안에 살아계신 생명의 빛, 예수 그리스도께서 임재하시기 때문이다. 그리고 우리가 받아야 할 저주와 죄악 또한 예수 그리스도로 말미암아 완전히 없어져 버린다. 예수님께서 십자가에 달려 피 흘리심으로 마귀의 일을 완전히 멸하셨기에^{요한일서 3:8} 예수 그리스도의 이름 앞에 눈에 보이지 않는 흑암의 세력은 무너지고 마는 것이다.

예수님을 영접한 것은 곧 하나님을 영접한 것이다. 그렇기에 구원받은 자의 삶 속에 하나님이 함께하시는 임마누엘의 축복이 누려지는 것은 당연한 일이다. 성경에 나오는 아브라함을 비롯한 믿음의 선진들만 봐도 임마누엘의 증거로 그들의 인생 여정에서 멋지게 승리했음을 알 수 있다. 여호와께서는 요셉과 함께하셨고, 다윗과 함께하셨으며, 사무엘의 말이 한마디도 땅에 떨어지지 않게 응답하셨다. 하나님의 최고의 소원은 당신의 자녀와 함께하는 것이다. 하나님이 독생자 예수 그리스도를 이 땅에 보내신 이유도 우리와 함께하기 위함이다.

그렇다면 임마누엘 곧 하나님이 우리와 함께하시는 방법은 무엇인가?

성경에는 이를 명료하게 밝히고 있는데 구약에는 메시아, 신약에는 그리스도를 통해서만 하나님을 만날 수 있다고 말씀하고 있다. 예수님께서는 "내가 곧 길이요 진리요 생명이니 나로 말미암지 않고는 아버지께로 올 자가 없느니라"요한복음 14:6고 말씀하셨다. 하나님이 주신 구원에 이르는 길은 오직 예수 그리스도 단 한 분뿐이다. 예수 그리스도를 마음속에 믿고 영접할 때, 비로소 인생의 근본적인 문제가 해결되기 시작하는 것이다.

성경에는 인간이 직접 하나님을 볼 수도 없고, 만날 수도 없다고 말씀하고 있다. 하나님을 실제로 보고 나서 믿게 됐다고 하는 이들도 있는데 이는 아주 위험한 말이다. 사탄은 때로 환상이나 환청을 통해 사람들을 속이기도 하기 때문이다. 그래서 예수 그리스도에 대해 올바로 전하고 영접하는 것이 아주 중요하다.

하나님께서는 예수 그리스도 안에 있는 '생명' 속에 모든 축복을 담아주셨다. 예수 생명이 들어가면 구원의 축복을 누리게 되고 이때부터 세상을 이기는 힘도 생겨나게 된다. 또한 예수 이름의 권능을 깨달으면 사탄의 세력을 이기는 힘이 생기고 기도 응답을 맛보게 되며 전도가 되어지는 놀라운 은혜도 체험하게 된다.

예수 그리스도로 말미암은 '생명' 하나에 모든 것이 다 연결된다. 마치 씨앗을 심으면 그곳에서 줄기, 잎사귀, 열매까지도 나오게 되는 것 같이 참된 생명의 근원인 예수 그리스도 안에서 풍성하고도 그윽한 생명의 일들이 날마다 향기롭게 피어오르게 되는 것이다. 예수 그리스도의 비밀을 발견한 자가 누리는 기쁨은 세상의 그 무엇과도 비교할 수 없다.

이스라엘에는 돈으로 보화를 사서 땅에 묻어 두는 관례가 있었다. 그런데 만약 전쟁이 발발해서 피난이라도 가게 되면 문제가 생기게 된다. 피난을 갔다가 다시 돌아오게 되면 다행이지만 만약 죽게 된다면 땅 밑에 숨겨진 보화는 주인을 잃어버리게 되는 것이다. 게다가 아무도 땅속에 보화가 숨겨져 있다는 사실을 모르게 된다. 만약 그 땅이 다른 주인에게 넘어가기라도 하면 어떻게 될 것인가?

그런데 실제로 이런 일이 발생했다. 어느 날 일꾼이 밭에서 일하다 보니 땅속에 묵직한 것이 있어 곡괭이를 갖다 댈 때마다 이상한 소리가 나는 것이었다. 그래서 얼른 땅을 파 보니 어마어마한 양의 보화가 숨겨져 있었다. 일꾼은 심각한 고민에 빠졌다.

'이걸 어떻게 하지? 보화를 가져가면 도둑이 될 게 뻔한데…'

이스라엘 법상 그 보화는 밭주인의 것이다. 하지만 일꾼이 그 보화를 발견했기에 방법은 단 하나, 그 밭을 사면 되는 것이다. 그래야 그 보화가 자신의 것이 된다. 그래서 일꾼은 밭

"그 안에는 지혜와 지식의 모든 보화가
감추어져 있느니라"(골로새서 2:3)

주인이 눈치 채지 못하게 자꾸만 밭을 팔라고 설득했다. 가난해 보이는 일꾼이 밭을 팔라고 하니 주인은 밭 살 돈을 보여 달라고 했다. 일꾼은 그 땅을 자신의 것으로 만들기 위해 이리저리 돈을 빌려 천신만고 끝에 밭을 사게 되었다. 드디어 밭이 자신의 소유가 되자 그는 숨겨져 있던 보화를 몽땅 꺼내어 집으로 가져왔다. 전 주인이 그 사실을 알게 되었지만 이미 그 밭의 소유는 새 주인에게 넘어간 후였다. 보화가 묻힌 밭을 사기 위해 자신이 가진 재산 전부를 쏟아 붓고 이리저리 돈을 빌리러 미친 듯 돌아다닌 일꾼을 보며 사람들은 의아해했지만, 보화를 발견한 일꾼에게는 그 자체가 기쁨이 되었다.

예수 그리스도를 아는 지식이 바로 이와 같다고 전도자 바울은 고백했다. 이 사실을 알고 믿고 영접하고 이 비밀을 누릴 때 우리의 삶은 차고 넘치도록 풍성해진다. 하나님의 형상대로 창조된 인간은 하나님을 만나야만 모든 문제가 해결

된다.

"그 안에는 지혜와 지식의 모든 보화가 감추어져 있느니
라"^{골로새서 2:3}

이 비밀을 알게 하는 것이 영접이다.

내 인생의 주인은 누구인가?

예수 그리스도를 영접하여 하나님의 자녀가 된 자는 지나온 인생에서 결코 맛보지 못했던 놀라운 축복을 받게 되고 미래까지도 완전히 보장된 축복의 삶을 살게 된다. 그의 인생이 예수 그리스도 안에서 새 생명을 얻었기 때문이다.

우리가 알지도 못한 상태에서 이미 우리에게 와 있는 원죄와 조상이 지은 우상숭배의 죄, 가문 대대로 이어져 내려온 영적인 문제, 지난날에 모르고 지었거나 알고 지었던 많은 죄, 자범죄와 같은 것들이 결코 우리를 삼키지 못하도록 용서받고 보장된 것이다. 뿐만 아니라 지금 현재 공중권세 잡은 자인 사탄의 종노릇하는 세상 풍습에서도 완전히 해방되었다.

하나님은 이러한 문제들로 인해 사후 지옥으로 갈 수밖에 없는 인간을 예수 그리스도로 말미암아 과거, 현재, 미래의 모든 죄 문제에서 완전히 해방시켜 주셨다. 따라서 그 누구든 성경에 약속된 예수 그리스도에 관해 올바로 알고 믿고 영접했다면 자신을 옭아매고 있는 죄와 저주의 사슬로부터 영원히 해방 받게 되는 것이다.

그래서인지 복음 안에서 예수 그리스도의 이름을 선포하고 영접할 때 성령의 큰 역사가 일어나는 것을 현장에서 많이 체험했다. 병 낫기를 간구하지 않았는데도 예수님을 영접한 이후 성령의 능력으로 병 나은 사람들을 목격했으며, 실제로 귀신들린 사람을 고칠 생각을 하지 않았는데도 예수님을 영접한 이후 그 문제가 즉시 해결된 경우도 많이 보았다. 심각한 영적 문제를 가진 아이가 예수님을 영접한 후에 즉시 악한 영의 세력으로부터 자유하여 낫게 된 경우도 보았다. 그리고 가정에 계속해서 들이닥치던 재앙이 예수님을 영접한 후에 완전히 해결된 것을 수도 없이 보아왔다.

당신의 주인은 과연 누구인가? 혹 자신이라고 생각하는 이가 있을지도 모르겠다. 그러나 이 세상의 그 누구도 스스로 완전할 수 있는 사람은 아무도 없다. 그렇기에 자신의 힘과 노력으로 무엇을 하려 하면 반드시 실패하고 만다. 내 인생의 온전한 주인은 내가 아니다. 혹자는 내 인생은 내 것, 내가 알아서 할 테니 간섭하지 말라고도 하는데 엄밀히 따져보면 그는 인생을 반밖에 모르는 사람이다. 만약 이 세상의 그 누구라도 자신의 인생을 자신의 마음대로 좌지우지할 수 있다면 만물이 소생하는 봄에 태어나서 120년쯤 살다가 풍성한 과일을 먹고 추운 겨울이 시작될 때 죽으면 된다. 하지만 그 누가 자신의 마음대로 이런 인생을 살 수 있단 말인가. 인생은 결코 우리가 마음먹은 대로 되는 것이 아니다.

내가 어렸을 때만 해도 목욕탕을 일 년에 고작 두어 번밖에 안 가던 시절이었다. 그 때가 바로 설이나 추석 같은 명절 전날이었는데, 지금에야 상상도 할 수 없는 일이지만 그 당시에는 때밀이 수건도 없어서 산에 가서 때 밀기 좋은 돌을 요리조리 골라 가지고 가서 목욕하곤 했다. 세월이 흘러 많은 것이 변했지만 그때나 지금이나 여전히 변하지 않은 것이 있다. 목욕탕에 들어서면 늘 마주하게 되는 다음과 같은 글귀이다. '주인에게 맡기지 않은 귀중품은 책임지지 않습니다.' 귀중품은 무조건 주인에게 맡기라는 얘기다. 분실할 때에는 주인도 책임을 못 지는 것이다. 그렇지만 주인에게 귀중품을 맡긴 이상 책임은 주인이 지게 된다.

그렇다면 당신의 인생에 있어서 주인은 누구인가. 당신은 가장 소중한 인생을 누구에게 맡기겠는가. 당신을 깊이 사랑하신 창조주 여호와 하나님께서는 친히 당신의 주인이 되어 당신을 책임지겠다고 말씀하셨다. 인생의 참된 주인은 하나님이시다. 당신이 예수 그리스도를 인생의 주인으로 모실 때 하나님이 예비하신 놀라운 역사가 시작된다.

요한복음 2장 1~11절의 말씀에 이에 관한 비유가 잘 나와 있다. 예수님이 가나의 어느 혼인 잔치에 참석했는데 그만 포도주가 떨어지고 말았다. 이때 예수님의 어머니가 하인에게 예수님께 가서 무슨 말씀을 하시든지 그대로 하라고 일렀다. 이에 하인들이 예수님이 시키는 대로 했더니 물이 변해 최상의 포도주가 되었다. 예수님이 손님으로 청함을 받았을 때는 기적이 일어나지 않았지만 예수님이 주인이 되어 그가 명하는 대로 하자 기적이 일어났다. 예수 그리스도를 영접하는 순간 성령의 역사는 일어나기 시작한다.

그렇다면 지금부터 어떻게 해야 하는가? 예수 그리스도를 나의 주인으로 모셔 들이고 그분의 인도를 받으면 된다. 이렇

하나님은 영혼 구원과 세계복음화의 언약을 중심으로
이 세상을 움직이시며 또 나를 인도하신다.

게 기도해 보라. '그리스도께서 나의 사업, 내 집, 내 인생의 주인이 되어주시옵소서!' 이때 놀라운 성령의 역사가 일어나기 시작한다. 예수 그리스도를 믿음으로 마음속에 영접한 순간 당신은 하나님의 자녀이며 하나님이 당신의 주인이시다. 지상에서 그것보다 더 소중하고 행복한 선물이 어디 있겠는가.

식물에게 물과 햇빛은 양분이 된다. 하지만 죽은 나무에 계속 물을 주면 나무는 뿌리에서부터 썩어 들어가 밑동과 가지 곳곳에 곰팡이가 생기고 만다. 죽은 나무에 오래도록 햇빛이 비치면 나뭇가지와 잎사귀가 바싹 말라버리고 만다. 살아있는 나무에 물을 줄 때 나무가 자라 잎을 내고 열매를 맺게 되며, 살아있는 나무에 햇빛이 비칠 때 나무는 힘을 얻고 가지를 쭉쭉 뻗어나가 든든한 나무의 모습을 갖추게 된다. 이처럼 우리도 구원을 받고 생명을 얻고 난 후에야 행복을 누리게 되고 우리의 삶도 날이 갈수록 성숙하게 되는 것이다.

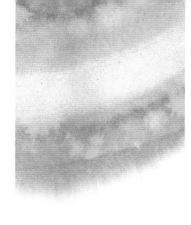

2 영원한 생명

구원

우선 살아야 한다

한 아이가 길을 가다가 발을 잘못 디뎌 늪에 빠지고 말았
다. 늪에 빠진 아이는 혼자 힘으로 올라오려고 애를 썼다. 하
지만 올라오려고 움직일 때마다 몸은 점점 늪으로 빠져 내려
가고 설상가상으로 발에 쥐가 내려 움직이기도 힘들었다.

이때 어떤 이가 아이에게 다가가서 이렇게 외쳤다.

"힘을 내! 넌 할 수 있어. 네 힘으로 나와야 해."

그는 바로 종교인이다. 그는 지금 겪고 있는 고난은 자신

이 노력하면 얼마든지 헤쳐 나갈 수 있으니 괴로움과 고통에서 벗어나기 위해 최선을 다하라고 말한다. 과연 이 아이가 온 힘을 다해 발버둥치고 노력하면 늪에서 빠져나올 수 있을까?

도덕적인 규범을 잘 지키는 사람은 이렇게 말할지도 모른다.

"내가 조심하라고 했지! 자, 그래. 왼발부터 헛디뎠니? 오른발부터 헛디뎠니?"

늪에 빠진 사람에게 이런 도덕적 훈계나 윤리적 가르침이 과연 도움이 될까? 이런 질문은 그렇잖아도 늪에 빠져 힘든 아이에게 마음의 짐과 부담 그리고 죄책감만 더해줄 뿐이다.

늪에 빠진 아이를 구하려면 한시라도 빨리 줄을 던져 건져주어야 한다. 그런데 만약 늪에 빠진 아이가 '내 실수로 발을 헛디뎌 늪에 빠졌는데, 양심도 없이 어떻게 줄을 잡을 수 있겠어?'라며 줄을 잡지 않는다면 결과는 뻔하다. 그 아이에게는 양심이나 노력이 필요한 것이 아니다. 살기 위해서는 우선 늪에서 빠져나와야 한다. 그러려면 누군가가 던져준 줄을 잡고 있어야 한다. 아이보다 힘센 아버지나 어른이 줄을 당겨주면 늪에서 빠져나올 수 있다. 이것이 구원이다.

우리가 잘 알듯이 식물에게 물과 햇빛은 양분이 된다. 하지만 죽은 나무에 계속 물을 주면 나무는 뿌리에서부터 썩어들어가 밑둥과 가지 곳곳에 곰팡이가 생기고 만다. 죽은 나무에 오래도록 햇빛이 비치면 나뭇가지와 잎사귀가 바싹 말라버리고 만다.

살아있는 나무에 물을 줄 때 나무가 자라 잎을 내고 열매를 맺게 되며, 살아있는 나무에 햇빛이 비칠 때 나무는 힘을 얻고 가지를 쭉쭉 뻗어나가 든든한 나무의 모습을 갖추게 된다. 이처럼 우리도 구원을 받고 생명을 얻고 난 후에야 행복을 누리게 되고 우리의 삶도 날이 갈수록 성숙하게 되는 것이다.

구원은 죄와 허물로 죽었던 인간이 새로운 생명을 얻는 것이다. 구원은 과거와 현재, 미래 문제가 완전히 해결되어 하나님의 인도와 보호를 받는 것이다. 구원받기 전에는 모든 사람이 운명에 묶여 살아가게 되지만 지옥과 사탄과 죄의 권세, 여기에서 빠져나오는 것이 구원이다. 구원은 죄를 용서받고 죄의 문제가 완전히 해결되는 것을 말한다.

로마서 8장 2절에 "이는 그리스도 예수 안에 있는 생명의 성령의 법이 죄와 사망의 법에서 너를 해방하였음이라"고 했고, 요한복음 5장 24절에는 "내가 진실로 진실로 너희에게 이르노니 내 말을 듣고 또 나 보내신 이를 믿는 자는 영생을 얻었고 심판에 이르지 아니하나니 사망에서 생명으로 옮겼느니라"고 했다. 죄와 사망의 법에서 해방되는 것이 바로 구원이다.^{로마서 8:2} 우리 자신의 힘으로는 운명에서 절대로 빠져나올 수 없기 때문에 하나님께서 예수 그리스도를 보내어 죄와 저주에서 우리를 해방시키겠다고 약속하셨다. 조상의 죄는 물론이고 영적인 어려움마저 대대로 물려받아야 하는 운명 가운데 있던 우리를 건져내겠다고 약속하신 것이다.

예수님을 믿는 순간에 과거의 모든 문제가 해결되며 우리를 묶고 있던 흑암의 세력이 무너진다. 예수를 믿는 순간 하나님의 자녀가 된다. 그뿐 아니라 죽음 후에 하나님의 나라로 가게 되는 것이다. 로마서 8장 31~39절에 하나님의 자녀는 절대로 실패할 수 없으며 그 무엇도 하나님의 사랑에서 우리를 끊을 수 없다고 했다.

그렇다면 어떻게 구원받을 수 있을까?

구원에 이르는 길

　　마태복음 16장 13절에서 16절 말씀을 보면 가이사랴 빌립보 지방에서 예수님이 제자들에게 아주 중요한 질문을 했다.

　　"사람들이 인자를 누구라 하느냐?"

　　어떤 사람들은 예수님을 세례 요한 같다고 하고 어떤 사람들은 엘리야라 하고, 또 어떤 사람들은 예레미야나 선지자 중의 한 사람이라고 했다. 세례 요한이나 엘리야, 선지자가 한 일이 무엇이기에 사람들이 예수님을 이들과 같다고 했을까?

세례 요한은 예수님이 하나님의 아들이라 외쳤고 예수님께 직접 세례를 주기도 했다. 또 한 가지 특징적인 일을 했는데 바로 이스라엘의 왕 헤롯의 잘못을 지적하고 죽임을 당한 것이다. 간단히 말해 세례 요한은 정의를 부르짖다가 죽었다. 물론 정의를 부르짖는 것은 옳은 일이며 신앙생활의 단면이 될 수도 있지만 그것으로 구원을 받을 수는 없다. 기독교를 마치 정의를 구현하는 종교쯤으로 알고 있는 사람들은 예수님을 세례 요한처럼 생각하고 있는 것이다.

엘리야는 큰 능력을 많이 행했다. 능력과 기적을 체험하는 신비운동을 복음이라고 알고 있는 사람들에게 예수님은 마치 엘리야처럼 보였을 것이다. 복음은 신비한 것이다. 하나님을 믿으면 기적이 일어나고 능력이 나타날 수도 있지만, 기적이 일어나는 것이 구원의 본질은 아니다.

예레미야는 눈물을 많이 흘린 선지자였다. 그는 사람들의 고통과 어려움을 안타까워하고 도와주려는 박애주의자였다. 이 또한 옳은 일이지만 구원의 방법은 아니다.

선지자는 진리를 깨달아 가르치고 예언하는 사람인데 어떤 사람들은 예수님을 마호메트같이 위대한 성인^{聖人} 중의 한 명 또는 종교지도자라고 생각하기도 한다. 더욱 안타까운 것은 교회에 다니는 사람 중에도 이처럼 생각하고 있는 사람이 많다는 것이다.

종교와 구원은 엄연히 다르다. 그런데 많은 기독교인들이 종교와 구원을 구분하지 못하고 있다. 교회에 열심히 다니고 있기는 하지만 영적인 힘을 얻지 못하고, 신비한 체험을 하고 능력을 받았는데도 마음에는 평안이 없으며 끊임없이 어려움에 시달리고 있다.

그렇다면 우리는 무엇을 깨달아야 할까? 마태복음 16장을 보면 예수님은 사람들이 자신을 가리켜 누구라고 알고 있는지 물어보신 후에 제자들에게 다시 질문을 하는 장면이 나온다.

"너희는 나를 누구라 하느냐"

그때 제자 중 베드로가 이렇게 대답했다.

"주는 그리스도시요 살아 계신 하나님의 아들이시니이다"

이 대답 속에는 놀라운 의미가 감추어져 있다. '주는 그리스도', 이 고백은 예수님이 흑암의 권세와 저주의 세력을 꺾은 주인공이며 살아 계신 하나님의 아들이라는 뜻이다. 이는 하나님을 떠난 인간에게 여자의 후손을 보내어 구원하겠다는 창세기 3장 15절의 약속을 이룬 분이라는 뜻이며, 이사야 7장 14절의 "보라 처녀가 잉태하여 아들을 낳을 것이요 그의 이름을 임마누엘이라 하리라"는 말씀에 예언된 분이 바로 예수님이라는 뜻이다.

그렇다면 '그리스도'라는 말에는 어떤 의미가 담겨 있을까?

그리스도는 직책을 말하며 그 뜻은 '기름 부음을 받은 자'이다. 구약시대에는 '선지자, 제사장, 왕', 이 세 종류의 직책을 받는 사람의 머리에 기름을 부어 세웠다. 이 세 가지 직책을 모두 담당하신 분이 그리스도이시다. 즉, 예수님은 참 선지자로, 참 제사장으로, 참 왕으로 오신 것이다.

예수님은 참 선지자로서 하나님을 만나는 길을 열어주셨다. 이전의 선지자들은 하나님을 만날 수 있는 길을 알려주는 사람이었지만, 예수님은 십자가에서 죽으심으로 직접 하나님을 만나는 길을 여신 그리스도이시다. 예수님께서는 "내가 곧 길이요 진리요 생명이니 나로 말미암지 않고는 아버지께로 올 자가 없느니라" 요한복음 14:6고 말씀하셨다.

또한 예수님은 우리의 죄를 사하기 위해 참 제사장으로 오셨다. 마가복음 10장 45절에는 "인자가 온 것은 섬김을 받으려 함이 아니라 도리어 섬기려 하고 자기 목숨을 많은 사람의 대속물로 주려 함이니라"고 기록되어 있다. 예수님이 우리의 죄를 대신해서 십자가를 짊어지신 것이다.

마지막으로 예수님은 눈에 보이지 않게 인간을 저주 속으로 몰아넣은 사탄의 세력을 완전히 꺾은 참된 왕으로 오셨다. "하나님의 아들이 나타나신 것은 마귀의 일을 멸하려 하심이라" 요한일서 3:8 고 기록되어 있다.

예수님은 이 세 가지 직책을 완벽하게 이루어내신, 성경에 예언된 그리스도이시다. 이 세 가지 직책이 담고 있는 비밀을 깨달을 때 당신에게 놀라운 역사가 일어날 것이며 모든 문제가 해결되기 시작할 것이다.

하루는 등산을 하다가 무당 아주머니를 만나 말을 건넨 적이 있다. 아주머니는 산에서 내려오다가 산기슭에 있는 약수터에서 잠시 쉬고 있었다.

"굿하고 오십니까?"

아주머니는 그렇다며 고개를 끄덕였다.

"재미있으세요?"

"굿을 재미로 하는 사람이 어디 있나요?"

"그런데 말입니다. 무속 일을 하시는 분의 자녀 중에 정신적인 문제로 어려움을 당하는 사람을 많이 봤습니다.”

말을 마치자마자 아주머니는 깜짝 놀라며 자기 가족이 지금 그렇다며 걱정 반 놀라움 반인 표정으로 나를 바라보았다. 아주머니에게 그 모든 어려움과 고통에서 해방되는 길이 있다는 사실을 알려주어야겠다는 생각이 들었다. 그래서 집이 어딘지 알아두고는 다음날 교회의 몇몇 분들과 함께 그 집을 방문했다.

아주머니는 정장까지 차려입고 우리를 기다리고 있었으면서도 우리가 들어가자 무엇이 겁났던지 황급히 달아났다. 그래서 성도 중 한 분이 뒤따라가 아주머니를 데리고 왔다. 방에 들어가서도 등을 돌린 채 앉아 있는 아주머니를 보며 자신과 가족의 고통을 어떻게 하면 해결할 수 있을지 무척이나 갈급해 하면서도 한편으로는 무엇인가가 그것을 방해하고 있는 듯 보였다.

그렇게 등을 돌리고 앉아있는 아주머니의 뒷모습을 보면서 예수님만이 아주머니의 고통과 자녀의 문제를 해결할 수 있는 분이라는 것을 말해 주었다. 말씀을 들은 아주머니는 마음의 문을 열고 예수님을 믿고 영접했다. 그녀는 신神을 받고 자신이 원치 않는 고통의 삶을 살다가 하나님의 자녀가 되니 이렇게 마음이 편할 수가 없다며 집에 있던 부적과 불상을 모두 철거하고 새로운 인생을 살게 되었다.

한번은 교회 성도의 가정에 모여 일주일에 한 번씩 성경 말씀을 듣는 자리에 한 할머니가 참석했다. 할머니는 예수님이 그리스도라는 말씀을 전해 듣고는 큰 충격을 받았다. 예수님이 사탄과 마귀와 귀신의 세력을 꺾었다는 말에, 모든 운명과 저주를 해결하셨다는 말에, 하나님을 만나는 길을 열어주셨다는 말에 마음이 활짝 열린 것이다.

'그렇구나, 나는 죄인이구나. 하나님만이 나의 문제를 해결하실 수 있구나.'

이런 마음이 들어 진정으로 예수님을 그리스도로, 주인으로 영접하는 기도를 드렸다.

그런데 놀라운 것은 예수님을 영접하고 난 후에 하나님의 역사가 일어난 것이다. 어딘가에 눌려 있던 마음이 평온해지고 하루하루 기쁨이 넘쳤으며, 하루가 멀다 하고 몸이 아팠었는데 몸이 날듯이 가벼워졌다고 고백했다. 그러면서 예수 그리스도를 전하고 싶어 이곳저곳 주변 사람들에게 전도를 하기 시작하는 것이었다. 감사한 것은 그다음 주에는 가족들이 모두 교회에 와서 예배드리는 것을 보았다. 구원을 받고 나니 너무 좋아서 남편과 딸, 사위에게도 이야기를 했고 마침내 그 가족들도 모두 구원을 받는 일이 일어난 것이다.

나를 살리셨던 하나님의 말씀은
전 세계 현장의 구원 얻기로 작정 된 이들 또한 살릴 수 있는
능력의 말씀이다.

구원받기 원한다면

당신이 운명과 고통 속에서 벗어나 인생의 참된 행복을 얻고 갖가지 삶의 문제로부터 자유를 얻기 원한다면 예수님을 마음속에 모셔 들이면 된다. 지금 당신도 구원받을 수 있다.

구원의 방법은 매우 간단하다. 늪에 빠진 아이가 줄을 잡기만 하면 살 수 있는 것처럼 예수님을 믿기만 하면 구원을 얻게 된다. 아무리 발버둥을 쳐도 늪에서 빠져나올 수 없듯 우리의 행위와 노력으로는 하나님을 만날 수 없기 때문이다.

로마서 5장 8절에 "우리가 아직 죄인 되었을 때에 그리스도께서 우리를 위하여 죽으심으로 하나님께서 우리에게 대한 자기의 사랑을 확증하셨느니라"는 말씀이 있다. 우리에게는 어려움과 고통을 해결할 능력도, 선을 행할 힘도 없는 것을 아시고 하나님께서 용서하겠다고 하신 것이다.

성경 요한복음 1장 12절에는 "영접하는 자 곧 그 이름을 믿는 자들에게는 하나님의 자녀가 되는 권세를 주셨으니"라고 했다. 예수를 그리스도로 믿고 영접하는 것이 바로 구원의 시작이며 구원 그 자체인 것이다.

요한계시록 3장 20절에는 이렇게 기록되어 있다. "볼지어다 내가 문 밖에 서서 두드리노니 누구든지 내 음성을 듣고 문을 열면 내가 그에게로 들어가 그와 더불어 먹고 그는 나와 더불어 먹으리라" 이 말씀처럼 우리는 믿기만 하면 구원을 얻을 수 있다. 예수님을 영접한 사람은 하나님의 자녀가 되었으며, 영원토록 하나님의 보호와 인도를 받게 된다.

구원받은 후, 따라오는 축복

놀라운 믿음의 고백을 한 베드로에게 예수님은 "바요나 시몬아 네가 복이 있도다 이를 네게 알게 한 이는 혈육이 아니요 하늘에 계신 내 아버지시니라" 마태복음 16:17 고 말씀하시면서 세 가지 복을 주셨다.

"또 내가 네게 이르노니 너는 베드로라 내가 이 반석 위에 내 교회를 세우리니 음부의 권세가 이기지 못하리라 내가 천국 열쇠를 네게 주리니 네가 땅에서 무엇이든지 매면 하늘에

서도 매일 것이요 네가 땅에서 무엇이든지 풀면 하늘에서도 풀리리라" 마태복음 16:18~19

　예수님께서는 반석 위에 교회를 세우겠다고 하셨고, 음부의 권세가 이기지 못할 것이며, 하나님의 자녀 된 우리가 기도하기만 하면 하나님께서 응답해 주실 것이라고 말씀하셨다.

　구원은 단지 '죽음 후에 천국에 가는 것'만을 의미하지는 않는다. 하나님의 자녀라면 죽고 나서 하나님의 나라인 천국에 가는 것이 당연하지만 구원은 지금 하나님의 자녀가 되는 것을 말한다. 예수 그리스도를 믿으면 지금 하나님의 자녀가 된다. 이것이 성경 66권 곳곳에 들어 있는 약속이다. 그리고 죽음 이후에는 천국으로 가게 된다. 예수님을 믿는 사람이 죽음을 두려워하지 않는 이유가 바로 여기에 있다.

　하나님이 우리 인생의 과거와 현재와 미래를 완벽하게 계획하시고 인도하고 계신다는 사실을 알아야 한다. 그리스도는 우리 인생의 모든 문제를 해결한 이름이다. 우리 인생의 문제가 완전히 해결되었다면 우리는 결코 실패하지 않을 것이다. 베드로에게 말씀하셨듯이 예수님을 그리스도로 고백한 사람은 반석 즉, 견고한 돌과 같이 기초가 든든한 사람이 된다. 또한 음부의 권세, 사탄과 저주의 권세가 이기지 못하는 권세를 갖게 된다. 그리고 하나님은 당신의 자녀에게 천국 열쇠를 주셨다. 이 천국 열쇠를 사용하는 것이 기도이다. 이 사실이 믿어진다면 당신은 누가 뭐래도 하나님의 자녀가 분명하다. 이 사실이 믿어지는 사람은 하나님께 기도하여 늘 응답을 누릴 수 있게 된다.

혹시 자신이 하나님의 자녀가 맞는지 아닌지 확실히 모르겠다고 느끼고 있다면 다음의 성경 구절을 깊이 있게 확인해 보라.

"성령으로 아니하고는 누구든지 예수를 주시라 할 수 없느니라" 고린도전서 12:3

이 말씀에 따르면 하나님의 영인 성령이 아니고는 예수 그리스도를 주라 고백할 수 없다고 했다.

또 로마서 10장 10절에는 "사람이 마음으로 믿어 의에 이르고 입으로 시인하여 구원에 이르느니라"고 했다. 요한복음 1장 12절에는 "영접하는 자 곧 그 이름을 믿는 자들에게는 하나님의 자녀가 되는 권세를 주셨으니"라고 기록되어 있다. 예수님이 그리스도라는 사실이 믿어지고 입술로 예수님을 주[‡]로 고백하고 있다면 당신은 구원받은 하나님의 자녀가 분명하다.

구원 이후, 변화된 삶

구원을 받고 난 이후에도 우리는 현실에서 갈등을 겪을 수 있다. 교회에서 예배를 드릴 때는 아무것도 문제가 되지 않을 것 같았는데 세상에 나가면 갖가지 문제에 부딪히게 되는 경우가 있다. 살다 보면 경제적인 어려움을 겪을 수도 있고 건강이 좋지 않아 힘들 때도 있다. 인간관계를 맺다보면 사람 사이에 갈등이 생겨 속상할 때도 있고, 가까운 사람이 예상치도 못한 사고를 당하는 경우도 있을 것이다. 이런 힘든 상황에 부닥쳤을 때 하나님의 자녀는 어떻게 하는 것이 좋을까?

마태복음 17장 24~27절에 보니 베드로가 예수님의 말씀을 듣고 큰 은혜를 받은 후 집에 가보니 세금을 내야 하는데 정작 아무것도 가진 것이 없었다. 이런 베드로의 상황을 아시고 예수님은 "네가 바다에 가서 낚시를 던져 먼저 오르는 고기를 가져 입을 열면 돈 한 세겔을 얻을 것이니 가져다가 나와 너를 위하여 주라"고 말씀하셨다. 예수님은 낚시를 해서 베드로가 경제적인 어려움을 해결할 수 있도록 도와주셨다.

구원받은 하나님의 자녀가 삶의 현장 속에서 갈등이나 고민이 있을 때 예수님을 믿고 바라보면 증거가 나타날 것이다. 베드로에게 반석이라고 말씀하신 예수님은 지금 예수님이 그리스도라는 믿음의 고백을 드리는 당신에게도 동일하게 말씀하고 계신다.

하늘 문을 열고 닫을 권세가
지금 나에게 와 있음을 아는가?

구원받은 우리는 흔들리지 않는 반석이다. 혹시 우리가 고민을 하고 있다면 그것은 우리가 연약하기 때문이며 하나님은 우리의 연약함까지도 알고 계신다. 하나님은 전능하시기에 우리의 갈등이나 고민을 능히 해결하실 수 있으며, 우리의 힘으로 해결할 수 없는 아픔이나 고통이 있다면 하나님은 우리를 어루만지고 고쳐주실 것이다.

이제 구원받은 하나님의 자녀가 가장 먼저 체험해야 할 것이 있는데 그것이 바로 기도이다. 그렇다면 누구에게 기도를 해야 할까? 하나님 아버지께 기도하면 된다. 아버지가 자녀를 보살피듯 하나님은 우리의 기도를 들으시고 응답하신다.

그럼 어떻게 기도해야 하는가?

예수님의 이름으로 구원받았기 때문에 형식을 갖추고 소리를 내어 기도해도 되고, 편안하게 마음속으로 기도해도 된다. 아버지인 하나님이 우리의 기도를 들으시기 때문이다. 하나님의 자녀와 함께하시는 성령께서 우리의 기도를 도와주신다.

또한 하나님의 자녀는 권세 있는 기도를 할 수 있다. 예수님의 이름으로 어둠과 혼돈과 공허를 가져다주는 흑암의 세력을 꺾을 수 있다.

마지막으로 마태복음 16장 21절에는 "이 때로부터 예수 그리스도께서 자기가 예루살렘에 올라가 장로들과 대제사장들과 서기관들에게 많은 고난을 받고 죽임을 당하고 제삼일에 살아나야 할 것을 제자들에게 비로소 나타내시니"라고 기록되어 있다. 베드로가 예수님을 그리스도라 고백한 이후에 비로소 예수님은 자신이 고난을 받고 죽임을 당하고 부활할 것을 제자들에게 알려주신 것이다.

구원의 비밀을 알게 된 여러분이 받을 축복은 이제 시작에 불과하다. 앞으로 받을 응답과 은혜가 더 크고 풍성할 것이다.

우리는 아주 작은 선물 하나에도 행복을 느끼고, 세를 들어 살다가 집 한 채를 장만해도 행복에 겨워한다. 마음에 쏙 드는 옷 한 벌에도 행복감이 밀려들고, 불편하게 걸어다니다가 좋은 차를 한 대 사도 행복해서 어쩔 줄 몰라 한다.

그런데 인간이 하나님을 만난다면 자신만 알 수 있는, 말로 표현할 수 없는 행복감에 잠기게 되는데 이것이 바로 하나님의 자녀에게만 주어지는 영원한 행복 곧 임마누엘^{하나님이 항상 나와 함께 계신다}의 축복이다.

예수님께서는 "하늘과 땅의 모든 권세를 내게 주셨으니" ^{마태복음 28:18} 라고 말씀하셨다. 그리고 골로새서 1장 13절에는 "그가 우리를 흑암의 권세에서 건져내사 그의 사랑의 아들의 나라로 옮기셨으니"라고 말씀하고 있다. 또한 만물을 복종케 하시는 이름이 곧 예수 그리스도시다. ^{빌립보서 3:21} 예수님의 이름으로 기도하면 무엇이든 응답받는다는 말의 뜻은 그 이름이 만물을 복종케 하는 이름이기 때문이다. 하나님께서는 이 권세를 성도에게 위임하셨다.

3 하나님이 주신 힘
권세

활력 넘치는 삶

예전에 부산 서면에 '여인의 집'이라는 옷가게가 있었다. 김홍석 집사가 운영하는 매장인데 장사가 잘되기로 꽤 유명한 곳이다.

김 집사의 가게 운영 방식은 철저히 하나님 중심이다. 가게 문을 열기 한 시간 전에 미리 가서 기도하고 직원들이 퇴근한 뒤에도 혼자 남아 기도하는 것은 그의 오래된 습관이다. 낮에도 예외는 아니다. 그는 일주일에 몇 번 직원들과 함께 시간을 정해놓고 말씀을 듣고 기도하는 시간을 가졌다. 그런데 직원들 외에도 이 시간이 은혜가 된다며 손님들이 불쑥 찾아오기도 한다. 처음에는 직원들 전부가 하나님을 모르는 사람들이었는데, 마음을 담아 기도하다 보니 나중에는 전 직원이 예수님을 영접하여 하나님의 자녀가 되었다고 한다.

김 집사는 늘 싱글벙글하며 예수 향기를 풍기고 다닌다. 그러니 사업에 하나님의 은혜가 넘쳐나는 것은 당연한 일이다. 하나님의 자녀로 사는 것이 가장 행복하다고 고백하며 활력 넘치는 삶을 사는 김 집사를 보면 누구라도 한눈에 그가 멋진 그리스도인이란 걸 알 수 있다.

누구든지 힘이 없으면 큰일을 할 수 없다. 운동선수가 운동 실력이 아닌 다른 재능이 더 뛰어나다면 운동선수로는 수명이 그리 길지 못할 것이다. 그러나 꾸준히 훈련과 연습을 반복하여 운동선수로서의 자질을 배양하면 롱런하는 선수가 된다. 사업을 할 때 가장 중요한 것은 기능과 경제력을 키우는 것이다. 이 힘이 없으면 오래 버티기가 힘이 든다.

신앙생활도 마찬가지다. 세계복음화를 하려면 깊은 기도와 영적인 큰 힘이 있어야 한다. 영적인 힘이 없다면 세상에서 승리하기가 어려울 것이다. 성도가 하나님의 말씀과 기도의 응답, 성령의 증거를 제대로 누리다 보면 '바로 이거야!' 하고 다가오는 것이 있는데 그것이 바로 하나님이 성도에게 주신 권세이다. 하나님 자녀로서의 신분과 주어진 권세를 사용하면 신앙생활이 활기차고 이로 인해 날마다 참된 행복감이 밀려드는 축복의 삶을 살게 된다.

하나님이 주신 권세

예수 그리스도가 누구신지 올바로 깨닫고 믿고 영접하고 누리는 것이 신앙생활이다. 신앙생활에 승리하려면 중요한 네 가지 사실만 올바로 깨달으면 된다.

첫째, 예수 그리스도, 그 이름의 비밀을 올바로 깨달아야 한다. 마귀는 이 비밀 아는 자를 벌벌 떨며 두려워한다.

둘째, 예수가 그리스도이심을 깨닫는 정도가 아니라 믿어야 한다. 하나님이 나를 구원하기 위해 예수님을 십자가에 못 박으셨다는 진리의 복음을 믿어야 한다.

셋째, 깨닫고 믿은 자는 예수 그리스도를 영접해야 한다. 예수가 그리스도이심을 믿고 영접한 자는 예수 생명, 예수 능력을 얻게 된다.

그리고 마지막으로, 예수님의 권세를 누리는 것이다. 예수님을 영접했다는 말은 성령께서 내 안에 계신다는 뜻이다. 성령이 계신다는 것은 그 힘의 능력으로 사탄의 세력이 결박된다는 뜻이며 저주에서 빠져나오는 것을 말한다. 이 비밀을 실제로 누릴 때 역사가 일어난다.

성도들이 세상에서 살아가려면 실제로 세상을 이길 힘이 있어야 하기에 예수님께서는 특히 성도의 권세에 대해 아주 중요하게 말씀하셨다. 그런데도 기독교인들은 이 놀라운 비밀에 관해 무관심하거나, 중요성을 망각한 채 살아가고 있다. 예수님이 가장 중요하게 보신 것을 정작 중요하게 생각하지 않고 있는 것이다.

성도가 하나님이 주신 권세에 관해 잘 모른다는 말은 깊이 파고들면 실제로 사탄의 세력을 인정하지 않고 있다는 뜻이 된다. 혹 인정한다 해도 잘 모르고 있는 경우가 많다. 성도가 권세를 사용해서 영적 싸움을 해야 하는 이유는 이 땅에 사탄의 세력이 있기 때문이다.

대한민국 국민의 70% 이상이 귀신을 섬기며 제사를 지내고, 대한경신연합회에 등록된 무속인만도 30만 명이다. 등록되지 않은 무속인까지 추산하면 약 100만 명 정도의 무속인이 활동하고 있는데도 실제로 사탄의 세력에 대해서는 무지한 것이 현실이다. 사탄은 눈에 보이지 않게 역사하며 철저히 복음을 깨닫지 못하도록 훼방한다. 게다가 끝까지 사람의 약점을 파고들어 실패시키고 망하게 한다. 병으로 빗대어 말하면 사탄은 마치 암과 같은 존재다.

그런데 사탄에 대해 잘 알지 못한다는 말은 다시 말하면 성령을 모른다는 말이 된다. '성령이 우리 안에 계신다.'라는 말은 사탄이 우리를 절대로 지배하지 못한다는 말과 같다. 사탄과 성령을 인정하지 않으면 천국, 천사라는 말도 이해하지 못한다. 하지만 성경은 이 부분에 대해 아주 중요하게 말씀하고 있다.

성경에서 중요하게 말씀하고 있는 것, 곧 영적인 부분에 관해 알지 못하면 심각한 문제를 맞게 된다. 큰 사건이 일어났을 때 영적인 부분을 보지 못한 채 육신적인 부분만 보게 되어 싸우고 시험에 들고 염려하고 걱정하는 등 비참한 결과를 야기하게 되는 것이다. 영적인 중요한 것은 다 놓쳐 버리고 육신적인 것에만 치우친다면 굳이 교회에 다닐 필요가 없다. 병 낫는 것이 목적이라면 의사를 찾아가면 되는데 무엇 때문에 교회에 가는가.

더욱 심각한 것은 이렇게 육신적인 부분에만 치우치는 신앙생활을 하다 보면 안타깝게도 나이 든 후에는 응답이 하나도 남아있지 않게 된다는 사실이다. 이것보다 억울한 일이 어디 있는가. 이는 마치 실컷 돈을 벌어서 사기당한 것과 마찬가지이다. 할머니 한 분이 부산 국제시장에서 평생을 아껴 모은 돈 80억 원을 양아들에게 사기당해 잃어버리고 자살한 사건이 신문에 나온 적이 있었다. 평생 안 먹고 안 입고 모은 돈이 결국은 고스란히 양아들의 것이 되고 만 것이다.

하나님이 주신 영적인 큰 복을 놓쳐버리고 신앙생활을 오래한 사람들을 보면 거의 참고 버티고 있거나, 반대로 큰 문제가 오고 나서야 신앙생활을 바로 해 보려고 하나님을 찾고 마음을 다잡아보는 정도이다. 신앙생활을 이렇게 해서야 되겠는가. 나는 현장에서 전도를 하면서부터 사람들이 사탄에게 속고 있다는 사실을 알았다. 이들은 문제가 생기면 당장 답답하고 두려운 마음에 점집부터 가서 해결책을 찾으려 든다. 이 일에 그리스도인도 예외는 아니다.

성도가 복음의 선한 영향을 미치며 어둠의 세력과 싸워 승리하는 참된 비밀은 무엇일까.

왜 권세가 필요한가?

영적 권세는 하나님이 주시는 것이며 성도는 하나님이 주신 권세를 삶의 현장에서 사용해야 한다. 이것이 바로 권세의 특징이다. 다른 것은 단지 소유하고 있으면 되지만 권세는 사용할 때 비로소 역사가 일어난다.

그렇다면 성도에게 권세가 필요한 이유는 무엇인가?

창세기 1장 2절을 보면 "땅이 혼돈하고 공허하며 흑암이 깊음 위에 있고"라는 말씀이 나온다. 하나님이 함께하시는

예수 그리스도의 권세를 사용할 때
내 힘으로 뛰어넘을 수 없는 생각,
체질, 불신앙의 성벽이 무너진다.

임마누엘의 축복을 발견하지 못하면 우리 인생은 아무리 노력해도 혼돈, 공허, 흑암 속에 빠져 살 수밖에 없게 된다. 실컷 노력했는데도 결국 아무것도 남는 것이 없게 되는 것이다. 그러니 공허와 혼란만 오게 되고 암울한 현실 속에서 두려움을 가득 안은 채 힘겹게 살아가게 된다.

인간이라면 누구나 예외 없이 죽음을 맞게 되는 까닭은 원죄 때문이다. 인간의 행위는 그다음이고 행위 이전의 문제 곧 태어나기도 전에 먼저 있었던 죄 때문에 인간은 죽음을 맞게 되고 고통 속에서 살아가게 되는 것이다. 사탄의 유혹에 속아 죄를 지어 하나님을 떠난 그 순간부터 인간에게 저주와 고통이 들어오게 되었다. 이것이 바로 창세기 3장 사건이다. 그런데 여기에서 빠져나올 수 있는 법적 조치가 바로 하나님이 주신 권세이다. 그런데 이 말을 유대인들은 깨닫지 못했다. '죄를 범하거나 사기 치지 않고 바르게 살면 되지 원죄는 도대체 무엇인가?' 그들은 이렇게 생각하고 있었던 것이다.

원죄는 아담에게서 출발한 것 같지만 정확하게 말하면 사탄에게서 출발했다. 눈에 안 보이는 사탄이 지혜 있는 동물인 뱀을 이용해서 인간을 무너뜨려 사탄의 권세 아래 완전히 들어오도록 만들어버린 것이다. 이로부터 인간은 자신의 힘으로는 결코 빠져나올 수 없는 운명에 갇혀 살게 되었다. 그래서 하나님이 법적 조치를 취하여 원죄와 사탄과 운명에서 우리를 해방시키셨다. 하나님의 특별법, 곧 하나님의 권세로 이 문제를 해결하신 것이다.

흑암의 세력은 아담과 하와를 유혹하여 죄를 지어 하나님을 떠나게 만들었다. 사회와 가정을 무너뜨리고, 인간의 힘을 단합시켜 바벨탑을 쌓게 하고, 우상을 만들어 숭배하게 함으로써 더욱 큰 죄악 속으로 빠져 들게 했다. 바로 이것이 권세가 필요한 이유이다. 하나님께서는 이러한 고통 속에 빠져있는 인간을 구원하시기 위해 복음을 주셨다. 사탄의 유혹에 속아 죄를 지어 하나님을 떠난 바로 그 순간에 여자의 후손이 뱀의 머리를 상하게 할 것이라고 말씀하셨다.^{창세기 3:15} 이것이 바로 하나님이 성도에게 주신 권세이다.

이 비밀을 놓쳐 애굽의 노예가 된 이스라엘 백성에게 하나님께서는 피의 언약을 회복시키시며 희생 제사를 드릴 것을 말씀하셨다. 그러나 이 비밀을 몰라 이스라엘은 또다시 포로가 되고 로마의 속국이 되고 말았다. 이때 베드로가 "주는 그리스도시요 살아계신 하나님의 아들이시니이다"라는 참된 믿음의 고백을 드렸다. 이 고백은 이스라엘 백성이 문설주에 양의 피를 바른 날 애굽의 노예에서 해방되었는데 그 주인공이 바로 예수님이라는 말이며, 처녀가 잉태하여 아들을 낳을 것이라는 예언 성취의 주인공이 오셨는데 그 이름이 바로 예수 그리스도라는 뜻이다. 이는 예수님을 아주 정확하게 본 것이다. 그 예수 그리스도께서 십자가에 달려 돌아가심으로써 마귀의 일을 완전히 멸하셨다. ^{요한일서 3:8}

마가복음의 저자인 마가는 인간의 모든 저주를 없애려고 그리스도께서 오셨다고 고백했으며,^{마가복음 10:45} 사도 요한은 길이요 진리요 생명인 예수 그리스도로 말미암지 않고는 하나님께로 올 자가 없다고 고백했다. ^{요한복음 14:6}

혹시 지금 어려움 가운데 있다 해도 이 언약을 붙잡고 있으면 시간이 갈수록 승리하는 비밀을 맛보게 될 것이다. 그러나 이 말을 깨닫지 못하면 겉으론 별 탈 없이 지내는 것 같아도 시간이 갈수록 다가오는 어려움을 막지 못할 것이다.

거짓말쟁이인 마귀는 이미 그 머리가 깨어졌기에 성도를 속일 재간밖에는 없다. 그래서 성도는 항상 깨어 있어 마귀의 궤계에 속지만 않으면 된다. 하나님께서는 우리를 흑암의 권세에서 건져내셨고^{골로새서 1:13} 사망 권세에서 건져내셨으며^{고린도전서 15:54} 지옥 권세에서 우리를 승리케 하셨다. ^{베드로전서 3:18~19} 하나님이 주신 놀라운 권세가 예수 그리스도를 통해 완성된 것이다.

이 놀라운 축복이 이미 예수 그리스도를 영접한 하나님의 자녀에게 비밀히 허락되어 있다. 이 비밀을 얼마나 누리느냐에 따라 현장에 지속해서 복음을 증거 할 제자가 발견되고 제자를 중심으로 전도 시스템이 세워지는 등 말씀과 기도, 현장에 나타나는 증거는 확연히 달라진다. 이 비밀을 놓쳐 버리거나, 이 비밀을 소유하고 있는지조차 모르기 때문에 힘 없는 그리스도인의 삶을 살게 되는 것이다.

권세에서 나오는 권능

많은 성도가 자신에게 권세가 주어져 있는데도 이를 모르기 때문에 하나님께서는 권세에서 권능이 나오도록 비밀히 인도하셨다. "오직 성령이 너희에게 임하시면 너희가 권능을 받고"^{사도행전 1:8}라는 말씀에서 권능이란, 권세 속에서 나오는 것이다. 이 힘으로 "땅 끝까지 증인이 되리라"는 말씀이 성취되는 것이다.

성령의 충만한 은혜로 권능을 받게 되리라는 언약을 잡고 마가 다락방에 모인 120여 명의 성도가 일심으로, 전심으로 기도했더니 세계를 변화시키는 놀라운 일이 일어났다. 하나님이 함께하는 사람은 간혹 복음을 증거 하다가 어려움을 당해도 괜찮다. 성경을 보면 오히려 그 어려움을 통해 안디옥에서 전 세계로 전도의 문이 열린 것을 볼 수 있다. 사도행전 11:19-30
후에 하나님께서는 로마를 살릴 세계 공동체를 이룰 능력을 주셨다. 이 모든 일은 세상의 힘으로는 불가능하다. 이는 하나님이 주신 권세에서 나오는 힘이며, 복음 가진 성도만이 누릴 수 있는 일이다.

예수 그리스도의 권세 안에는 모든 축복이 다 들어 있으며 성도에게는 세상을 이기는 열쇠가 주어졌다. 그런데 '나는 왜 안 됩니까?' 라고 묻고 싶은가? 문제는 바로 믿음이다. 구원받은 하나님의 자녀에게는 하늘 문을 여는 천국열쇠가 주어져 있고 기도하면 하나님이 반드시 응답하겠다고 말씀하셨다. 이 언약을 붙잡고 믿음으로 기도하기만 하면 응답의 문이 계속해서 열리게 된다. 예수 그리스도 안에 있는 권세를 놓쳐버리고 사업을 하거나 목회를 하려고 하니 어려운 것이다.

어떤 어려움이 와도 하나님의 약속의 말씀을 붙잡아라. 하나님의 말씀과 기도의 응답, 하나님이 주시는 증거를 붙잡으면 성령의 역사는 일어나게 되어 있다. 그리고 자신이 있는 현장에서 전도를 시작하다 보면 그리스도의 제자가 세워지게 된다. 흑암의 세력을 꺾으신 그리스도께서 우리에게 이 세상에서 승리할 권세를 주셨다.

현장에서 권세를 사용하라

하나님이 주신 권세를 사용할 주인공이 바로 성도이다. 권세의 의미와 축복을 알면 현장에 구원의 문이 열리고 이 비밀을 알고 사용하는 자는 운명에서 완전히 해방된다.

예수님께서는 요한복음 1장 12절 말씀에 "영접하는 자 곧 그 이름을 믿는 자들에게는" 단순히 하나님의 자녀가 된다고 하지 않으시고 "자녀가 되는 권세"를 주셨다고 말씀하셨다. 또한 제자들을 부르실 때도 가장 먼저 이 말씀을 하셨다. "귀신을 내쫓는 권능도 가지게 하려 하심이러라" 마가복음 3:15

승천하시기 전에도 "믿는 자들에게는 이런 표적이 따르리니 곧 그들이 내 이름으로 귀신을 쫓아내며 새 방언을 말하며 뱀을 집어올리며 무슨 독을 마실지라도 해를 받지 아니하며 병든 사람에게 손을 얹은즉 나으리라 하시더라" 마가복음 16:17~18고 말씀하셨다. 처음에 제자들을 부르실 때 하신 말씀을 마지막에도 하신 것이다. 바로 성도의 권세에 관한 부분이다.

시대적인 전도자 사도 바울은 전도자로 부름 받은 후 하나님의 은혜로 가는 현장마다 성령의 큰 역사를 체험했다. 그 중에서 그가 선교사로 파송받자마자 벌어진 일이 사도행전 13장에 잘 나와 있다. 그가 처음으로 한 일이 바로 무당에게 사로잡혀있는 바보라는 지역과 총독인 서기오 바울을 살려낸 일이다. 어느 날인가는 전도문이 막혀 기도했더니 마게도냐 사람이 나타나 '마게도냐로 와서 자신들을 도우라.'고 말하는 환상을 보게 되었다. 마게도냐에서 가장 먼저 일어난 성령의 역사가 점치는 귀신들린 여자를 예수 그리스도의 이름으로 치유한 것이다.^{사도행전 16장} 바울은 로마로 가기 전 가장 핵심이 될 만한 전도를 에베소의 두란노 서원에서 했다. 이때 우상을 섬기고 마술하던 많은 사람이 돌아오는 역사가 일어났다.^{사도행전 19:8~20} 이것은 단순한 사건이 아니다. 사탄, 성령, 천사의 존재를 인정하지 않는다는 것은 실제로 하나님이 주신 놀라운 축복을 사용하고 있지 않다는 말이다. 이 비밀을 알고 권세의 중요한 의미를 잘 깨달아야 한다.

여기서 우리가 놓치지 말아야 할 몇 가지 중요한 전제 조건이 있다.

능력은 자신이 스스로 갖추어야 하지만 권세는 위에서 위임하는 것이라는 사실을 잘 깨달아야 한다. 이는 마치 자격증을 따는 것처럼 자신의 노력으로 되는 일이 아니라는 말이다. 우리의 힘으로 신앙생활을 하는 것이 아니라 위에서 주신 권세를 사용하여 영적 싸움을 싸우고 힘 있는 삶을 살아야 한다.

우리의 힘으로 뭔가를 하려는 것은 종교이고, 위에서 주시는 힘으로 하는 것이 복음이다. 종교는 인간이 만든 것이지만 복음은 하나님이 주신 것이다. 종교는 인간의 힘으로 찾아가는 것이며 복음은 하나님이 인간의 몸을 입고 이 땅에 오신 것이다. 종교는 인간이 노력하는 것이고 복음은 하나님의 은혜로 깨닫는 것이다. 이렇게 의미가 완전히 달라져 버린다.

그렇다면 우리는 어떤 기준으로 신앙생활을 해야 하는가?

내 기준이 아닌 하나님의 기준으로 신앙생활을 해야 한다. 이 권세를 회복시키신 분이 예수 그리스도시다. 예수님께서는 "하늘과 땅의 모든 권세를 내게 주셨으니"^{마태복음 28:18}라고 말씀하셨다. 그리고 골로새서 1장 13절에는 "그가 우리를 흑암의 권세에서 건져내사 그의 사랑의 아들의 나라로 옮기셨으니"라고 말씀하고 있다. 또한 만물을 복종케 하시는 이름이 곧 예수 그리스도시다.^{빌립보서 3:21} 예수님의 이름으로 기도하면 무엇이든 응답받는다는 말의 뜻은 그 이름이 만물을 복종케 하는 이름이기 때문이다. 하나님께서는 이 권세를 성도에게 위임하셨다.

이 비밀을 알고 신앙생활을 하면 염려할 필요가 전혀 없다. 하나님이 문을 여시는 대로, 응답이 오는 대로 가기만 하면 되기 때문이다. 하나님이 문을 크게 열면 크게 가고, 작게 열면 작게 가고, 열지 않으면 안 가면 되는 것이다.

목회를 할 때도 하나님이 문을 여시는 대로 순종해서 나아가면 전혀 어렵거나 답답할 일이 없다. 개척을 시작했을 무렵, 지하 35평 교회에 주일이면 천여 명이 몰려와서 예배를 드려야 했던 적이 있었다. 주일이면 그 작은 영도 동삼동 전체가 들썩거릴 정도로 사람들로 북적댔고 앉을 곳이 없을 정도로 각양 각처에서 성도들이 미어져 들어와 예배드릴 공간이 턱없이 부족한 상황이었다. 그런데 이상하게도 조금도 걱정이 안 됐다.

'하나님이 과연 살아계셔서 성령으로 역사하시는가? 그렇다면 하나님이 이 상황을 아실 것이 아닌가? 하나님이 우리에게 필요한 것을 주실 것이다. 하나님이 주시지 않으면 안 하면 되는 것이다.'

결국 하나님은 우리에게 꼭 필요한 응답을 주셨다. 앞을 내다보면 도시, 뒤를 보면 산, 올라서면 바다, 공기 좋고 아이들이 마음껏 뛰어놀 수 있는 기가 막힌 곳에 교회를 세울 수 있도록 인도하셨다. 많은 사람을 불러 모아 전도훈련을 하기에도 안성맞춤인 장소였다.

하나님이 살아 계시니 조금도 걱정할 것이 없다. 세상을 살면서 전혀 걱정하지 않고 살 수는 없지만 우리가 걱정하는 순간, 사탄이 이를 알고 공격해 온다. 그래서 "너희 염려를

다 주께 맡기라"^{베드로전서 5:7}고 말씀하고 있다. 대적 마귀는 우는 사자같이 두루 다니며 삼킬 자를 찾아다니고 있다. 게다가 사탄은 조직적으로 움직인다.^{요한계시록 2장} 어떻게든 성도가 믿음을 놓쳐버리고 불신앙만 키우기를 바라고 있다. 사탄은 믿음으로 하나님을 의지하고 영혼 구원을 위해 전도와 선교에 헌신하는 이들을 가장 경계하고 싫어한다. 그래서 하나님은 마귀의 권세를 능히 무너뜨릴 수 있는 축복을 성도에게 위임하셨다.

그런데 만약 성도가 이 권세를 사용하지 않으면 어떻게 되는가? 예를 들어 보자. 만약 경찰이 의심이 가거나 불법을 저지르는 사람을 봐도 처벌하지 않는다면 세상은 도둑이 활개 치는 우범지대가 되어버릴 것이다. 마찬가지로 이 땅에 사는 동안 성도가 하나님이 주신 권세를 사용하지 않으면 사탄이 판치는 세상이 되고 말 것이다. 경찰이 노름꾼과 한패가 되어 도박을 일삼고 그들과 즐겨 어울린다면 경찰인데도 불구하고 도둑의 심부름꾼으로 전락하고 결국 그들에게 크나 큰 약점을 잡히고 만다.

그러나 하나님이 주신 권세를 사용하기만 하면 성령의 놀라운 역사가 일어난다. 내 이름이 아닌 '예수 이름으로', 이것이 하나님이 성도에게 주신 권세이다. 간혹 보증을 잘 못서서 큰 어려움을 겪는 경우를 자주 보았다. 보증이 위험한 이유는 자신의 이름을 걸었기 때문이다. 자신의 이름으로 보증을 섰다면 자신이 완전히 책임을 져야 한다. '나사렛 예수의 이름으로'라고 믿음으로 선포할 때, 예수 그리스도의 능력이 그대로 나타난다. 그리고 주님이 모든 것을 책임지신다. 나사렛 예수 그리스도의 이름으로 하나님의 자녀가 되는 권세를 얻었기 때문에 나사렛 예수 그리스도의 이름으로 염려를 없앤다면 반드시 성령께서 역사하신다.

사탄의 권세를 능히 이길 힘이 있는데도 영적 싸움은 하지 않고 육신 싸움만 한다면 이 얼마나 억울한 일인가.

복음의 뿌리를 깊이 내리고
기도로 하나님의 역사를 보면
전도는 되어질 수밖에 없다.

기도할 때 나타나는 권세

불신앙을 버리라는 말은 의학적으로도 중요하지만 영적으로도 아주 중요한 말이다. 왜냐하면 구원받은 성도를 결코 넘어뜨릴 수 없다는 것을 알고 사탄은 불신앙을 하도록 자꾸만 속이기 때문이다. 사탄은 근본적으로 성도를 이길 수 없다는 사실을 잘 알고 있다. 그래서 불신앙과 염려의 가라지를 뿌려 성도를 넘어뜨린다. 두려워할 필요가 전혀 없는데도 자꾸만 두려워하게 만드는 것이다.

무속인 생활을 하다가 예수님을 믿게 된 분이 내게 편지를 보내왔다. 예수님을 영접한 후에도 귀신이 나타나 자신을 괴롭히는데 어떻게 해야 할지 모르겠다며 고민을 털어놨다. 나는 그에게 답장을 써 주면서 귀신이 나타나도 괜찮고 오히려 나타날수록 좋다고 얘기했다. 흑암의 세력은 구원받은 자를 결코 건드리지 못하기에 겁낼 필요가 없는 것이다. 그런데 만약 자꾸 겁을 내면 그 틈을 타고 사탄이 역사한다.

나는 지금껏 한 번도 소매치기를 당해본 적이 없다. 소매치기들이 노리는 약탈 대상 일 순위는 버스나 지하철에 앉아서 졸고 있거나 술을 먹고 비틀거리는 사람들이다. 그들은 허점이 있는 사람을 예의주시하다가 경계가 느슨해지는 틈을 타 지갑을 강탈해 간다. 마귀도 영적으로 불신앙하고 혼미한 사람의 생각을 틈타 예리하게 공격해 들어간다.

하나님께서는 성도에게 놀라운 축복과 권세를 이미 주셨기에 예수님의 이름으로 기도할 때 응답을 맛볼 수 있다. 기도를 통해 하나님께서는 당신의 권세를 나타내신다. 기도하면 성령께서 역사하시고, 이때 흑암의 세력이 꺾이며, 하나님께서 천군, 천사를 보내어 지키고 보호하신다. 우리가 기도할 때 주의 천사들이 금향로에 기도를 담아 하늘 보좌로 가지고 간다. 기도하기만 하면 한 번도 빠짐없이 이와 같은 일이 동시에 벌어진다. 예수 그리스도의 빛이 임하면 흑암의 세력이 꺾이듯 예수 그리스도의 이름으로 기도할 때 역사하는 흑암의 권세는 자연적으로 무너지게 되어 있다. 이것이 놀라운 기도의 비밀이다.

정시기도 할 때 무슨 일이 일어났는지 성경을 보라. 성경에 표시 없이 무시로 기도한 사람들을 찾아보라. 그들은 한결같이 기도로 하나님이 주신 권세를 사용하여 축복을 누렸음을 알 수 있다. 하나님의 말씀을 붙잡고 기도할 때 하나님께서 주신 권세가 나타난다. 기도는 만능이다. 기도는 완전한 것이다. 성도는 기도로 모든 것을 할 수 있다. 불신앙을 버리고 문제는 전능하신 하나님의 손에 맡겨라. 이렇게 하다 보면 어느 날 응답이 정확하게 와있음을 알게 될 것이다.

하나님이 원하시는 기도제목을 가지고 기도할 때 현장에 가지 않아도 역사가 일어나는 것을 체험하게 될 것이다. 병든 후에 기도하지 말고 평소에 건강을 위해 권세 있는 기도를 계속해 보라. 그리고 하나님 앞에서 중요한 사람들을 위해 그들의 이름을 부르며 기도해 보라. 상상치도 못할 복된 응답이 오게 될 것이다.

흑암의 세력은 결코 하나님의 자녀를 건드리지 못한다. 재앙이 가까이하지 못하며 사방으로 우겨 싸임을 당해도 싸이지 아니하고, 거꾸러뜨림을 당하는 것 같아도 실상은 그렇지 않다. 이것이 기도할 때 나타나는 성도의 권세이다.

전도할 때 권세를 사용하라

　성도가 전도하려고 마음만 먹어도 성령 충만한 역사가 일어난다. 성령 충만한 역사가 일어나면 그때 하나님의 능력이 나타난다. 그리고 영적 전쟁이 극렬해질 때 하나님이 하늘 군대를 보내신다. 실제로 아람 군대가 엘리사가 있는 도단성을 에워쌌을 때 하나님께서는 하늘의 불 말, 불 병거를 보내어 도우셨다. 열왕기하 6:17 전쟁터에 나간 장군에게 군대를 보내는 것은 당연한 일이다. 마찬가지로 하나님은 지금도 기도하는 성도의 집, 지역, 사업 현장에 불 말과 불 병거를 보내어 친히 도우신다. 하나님이 하늘 군대를 보내시면 사탄의 세력은 완전히 결박된다. 그래서 지역마다 지속적으로 전도의 깃발을 꽂아야 하는 것이다.

누구의 잘못도 아니고 자신이 실수한 것도 아닌데 인간은 운명이라는 것을 타고난다. 운명은 인간의 노력으로는 결코 바꿀 수 없다. 사도행전 3장에는 운명에 사로잡힌 자에 관한 이야기가 나온다. 그의 운명은 태어나면서부터 걷지 못하게 된 것이다. 게다가 그는 성전 미문에 앉아 구걸하는 거지였다. 만약 그가 구걸하여 어마어마한 돈을 모았다 할지라도 그는 여전히 '나면서 못 걷게 된 이'이다. 더 중요한 것은 다리를 못 쓰는 것이 문제가 아니라 영적으로 봤을 때 운명과 저주에 완전히 묶여 있는 것이 문제다.

제 구시 기도시간에 베드로가 요한과 함께 성전으로 기도하러 갔다가 미문에 앉은 그를 주목하여 바라보았다. 그리곤

"우리를 보라"고 말했다. 이때 베드로와 요한과 그의 눈이 마주쳤다. 그는 한 푼이라도 얻으려고 바라봤지만 베드로와 요한의 관심은 그의 영혼에 있었다.

"은과 금은 내게 없거니와 내게 있는 이것을 네게 주노니 나사렛 예수 그리스도의 이름으로 일어나 걸으라"

이 한 마디에 그의 운명이 바뀌었다. 그를 성전 미문까지 데려다 주는 육신적 봉사도 중요하고, 동전을 던져주는 물질 봉사도 중요하다. 그러나 이것이 그의 운명을 바꾸지는 못했다. 예수 그리스도의 이름이 하나님을 떠나 죄와 사탄의 종이 되어 완전히 묶여 있는 죄악의 사슬을 풀어버렸다. 예수 그리스도의 이름이 평생 걷지 못할 운명 속에서 살 수밖에 없었던 그의 상태를 완전히 바꾸어버린 것이다. 숱하게 성전을 드나들던 바리새인들이 결코 알지 못했던 나사렛 예수 그리스도의 이름이 한평생 운명에 갇혀 살 수도 있었던 나면서 못 걷게 된 이를 번쩍 일으켜 세우고야 만 것이다.

성도가 가진 최고의 힘, 권세

하나님이 주시는 새 힘만 있으면 능히 세상에서 승리할 수 있다. 하나님이 주시는 응답을 받으면 분명히 달라지는데도 잘 안 되는 이유는 사탄이 성도의 눈을 어둡게 만들고 힘을 빼기 때문이다. 우리의 힘으로는 흑암의 세력을 꺾을 수 없기에 하나님께서 권세를 주셨다. 이 열쇠를 사용하여 집안과 가문을 무너뜨리는 사탄의 권세를 예수 그리스도의 이름으로 꺾으라. 후대들을 마약과 성적 쾌락, 폭력 등에 중독되어 벌벌 떨게 하는 흑암의 세력, 큰 축복이 와있는데도 모르게 하는 흑암의 세력을 예수 그리스도의 이름으로 꺾어야 한다.

하나님이 주신 권세를 이미 받았다는 사실을 깨닫기만 하면 흑암의 궤계는 능히 물리칠 수 있다. 그런데도 끊임없이 다가오는 문제 때문에 어려움을 겪고 있는가. 걱정하지 말라. 하나님께서는 그 자녀에게 천인이 넘어지고 만인이 엎드러질지라도 재앙이 가까이하지 못할 축복과 사방으로 우겨 싸임을 당해도 싸이지 않을 복된 신분을 주셨다.

우리는 연약해서 할 수 없지만 하나님은 능히 하실 수 있다. 하나님은 우리 가문과 가정, 자녀들이 사탄에게 속지 않도록, 우리 자신이 힘을 얻을 수 있도록 세상을 이길 수 있는 권세를 주셨다. 이를 믿는 자가 가는 곳마다 흑암의 권세가 무너지고, 어둠의 세력이 도망가는 역사가 일어날 것이다.

이런 놀라운 비밀을 가지고 베드로와 요한처럼 실제로 시간을 정해놓고 기도해 보라. 기도하기에 가장 좋은 시간을 정하고 하나님 앞에서 하나님이 함께하시는 임마누엘의 축복을 누려라. 무엇보다 개인적으로 힘을 얻는 시간이 있어야 한다. 당장 지금부터 각자의 입장에 맞게 성령 충만을 받는 비밀을 찾아내라. 일찍 일어나서 하나님 앞에서 기도하고, 운동도 하며, 하루를 어떻게 보낼 것인지 깊은 생각도 해보라. 기도하는 중에 발견된 기도제목을 가지고 권세를 사용하여 내가 있는 곳에, 내가 하는 일에 성령께서 역사 하시고, 예수님의 이름으로 흑암의 세력이 꺾이며, 하나님께서 주의 천사를 보내어 도와주시길 간구하는 시간을 가져 보자. 정시기도 때마다 이 기도를 드린다면 놀라운 일이 일어날 것이다.

이렇게 하다 보면 참된 응답이 오게 되는데 그 맛을 보고부터는 기도가 아주 쉬워지는 것을 발견하게 될 것이다. 기도 응답이 오면 그때부터 하나님이 원하시는 기도제목이 발견되고 아주 작은 응답부터 세밀한 기도제목과 방향까지도 발견하게 된다.

이보다 더 확실하게 기도 응답을 받는 방법은 자신의 생각과 체질이 복음으로 가득 채워지면 된다. 시간을 정해 놓고 기도한다는 말은 자신의 체질을 복음의 체질로 바꾸는 것을 말한다. 기도 응답이 없을 때는 하나님께 투정부리기보다 하나님이 반드시 응답하신다는 확신을 가지고 자신의 체질부터 바꾸어보라. 복음은 완전하기에 어떤 상황에서도 흔들리지 않는 복음의 뿌리를 내리면 하나님이 예비하신 큰 복을 마음껏 누리며 살게 될 것이다.

성도가 가진 힘 중의 힘이 권세이다. 세계를 정복하는 비밀, 은밀하게 모든 흑암의 세력을 꺾을 수 있는 권세를 바로 지금 회복하라. 우리가 있는 현장에서 권세를 사용하여 기도한다면 하나님께서는 하늘 군대와 주의 천사를 나와 관계된 온 지역에 보내어 도우실 것이다. 또한 어둠의 영적 주관자인 흑암의 세력은 예수 그리스도의 이름으로 완전히 무너지게 될 것이다. 이것이 하나님이 성도에게 주신 최고의 힘, 권세이다.

살아 있는 하나님의 말씀이 나의 한마디 기도로
나와 관계된 모든 현장에 능력으로 역사하신다.

기 도의 의미를 정확하게 알고, 기도 속에 감추어진 중요
한 영적 원리를 깨닫게 되면 자신도 모르게 기도가 하
고 싶어지고 하나님이 응답하시는 기도의 풍성한 축복을 마
음껏 누리며 살아갈 수 있게 된다. 하나님이 원하시는 기도
의 응답을 받으려면 지금부터 어떻게 기도해야 할까?

4

하나님과 통하는 열쇠

기도

기도의 특권을 사용하라

젊어서 남편과 사별하고 악착같이 일을 해서 꽤 많은 돈을 모은 노부인이 있었다. 그런데 그녀는 어느 날 큰 병이 들어 자리에 누워 옴짝달싹할 수도 없게 되었다. 주위에서 아무리 병원에 가서 진찰을 받으라고 설득해도 치료받을 돈이 없다며 극구 사양하다 결국은 세상을 떠나고 말았다.

후에 시신을 수습하려고 보니 깜짝 놀랄 일이 생겼다. 부인의 허리에서 돈주머니가 발견된 것이다. 그 안에는 평생을 들여 모은 재산인 저금통장과 도장이 들어있었다. 그 돈은 분명 그 부인의 것인데 한 푼도 쓰지 못한 채 세상을 떠나고 만 것이었다.

예수님을 마음속에 영접하여 하나님의 자녀가 된 사람은 하나님께 기도할 수 있는 특권을 소유하게 되었다. 그런데 많은 기독교인들이 하나님이 주신 축복의 열쇠인 기도의 권세를 삶 속에서 누리지 못하고 있는 것을 본다. 기도가 어렵다고도 하고, 아무리 기도해도 응답이 없다며 고민을 토로하는 이들도 많다. 교회를 다니면서도 기도의 비밀을 알지 못하면 영적인 큰 축복을 놓치고 어려움을 겪으며 살게 된다.

귀중한 것이 이미 주어져 있는데도 이를 누리지 못하면 고생하게 되듯, 하나님께로부터 이미 엄청난 영적 축복을 받았는데도 기도를 통해 이를 누리지 못하고 있는 것이 그리스도인의 현실이다.

기도는 누구나 할 수 있다. 심지어 우상을 숭배하는 사람도 기도해서 응답받을 수 있다. 대부분의 사람들이 기도를 많이 하거나 열심히 하면 응답받는 줄로 착각한다. 이는 부분적으로는 맞는 말이지만 그렇다면 기독교는 다른 종교와 크게 다를 것이 없을 것이다. 기도 응답보다 더욱 중요한 사실은 '과연 복음을 알고 있는가?' 하는 것이다. 복음 없이도 성공할 수 있지만 결국 인생은 복음 없이 성공할수록 더 큰 문제 속에 빠지게 된다.

그러나 복음을 제대로 알면 그때부터 참된 기도가 시작된다. 성경 전체를 통해 흐르는 가장 큰 주제는 바로 예수 그리스도이시다. 사탄에게 속아 죄를 지어 하나님을 떠난 인류를 구원하기 위해 구원자로 오신 분이 '예수'이며, 그분이 인간의 근본문제인 죄의 문제와 하나님을 떠난 문제, 사탄의 문제를 해결하신 '그리스도'이시다. 그 증거로 그는 부활하셨고, 지금도 살아 계셔서 성령으로 역사하신다. 예수님은 복음이 땅 끝까지 전파된 이후에 재림주로 오실 것이라고 약속하셨다.

이 사실을 알게 되면 틀림없이 기도의 응답을 받게 되며 이를 삶 속에서 잘 적용하면 삶의 전반을 통해 하나님의 역사가 일어나게 된다. 또한 이 부분을 기도와 말씀 묵상을 통해 깊이 있게 누릴 때 큰 능력이 나타나게 된다. 하나님의 자녀는 무엇보다 반드시 성취될 약속의 말씀을 붙잡고 기도해서 응답받는 '언약기도'의 비밀이 있어야 한다.

나의 어머니는 그렇게 훌륭하지도, 대단한 학벌을 가진 분도, 전도훈련을 많이 받은 분도 아니었다. 그런 어머니에게 단 하나의 기도제목이 있다면 그것은 바로 전 세계에 복음이 증거 되는 것이었다. 어느 날, 홀로 방에 앉아 기도하시는 어머니의 기도를 듣게 되었다. 그런데 기도의 내용이 여느 사람과 달랐다. 당신은 아무리 고생해도 괜찮으니 아들이 세계복음화에 쓰임 받을 수 있도록 하나님이 힘을 달라고 기도하는 것이었다. 어머니의 기도를 들으며 '하나님이 저 기도를 들으시지 않겠는가!' 라는 생각을 하게 되었다.

하나님은 미사여구를 곁들인 유창한 기도를 원하시는 것이 아니다. 기도하는데 자격이나 학위가 필요한 것도 물론 아니다. 기도를 오랜 시간, 많이 한다고 해서 응답받는 것도 아니다. 하나님은 단지 우리의 중심을 보신다. 하나님 앞에서 솔직하고 진실한 중심을 가지고 믿음으로 기도한다면 반드시 응답받게 된다. 기도가 무엇인지 정확하게 알고, 기도 속에 감추어진 중요한 영적 원리를 깨닫게 되면 자신도 모르게 기도가 하고 싶어지고 하나님이 응답하시는 기도의 풍성한 축복을 마음껏 누리며 살아갈 수 있게 된다. 하나님이 원하시는 기도의 응답을 받으려면 지금부터 어떻게 기도해야 할까?

하나님이 원하시는 것에 우선순위를 두라

기도에는 그 자녀에게 응답하시려는 하나님의 중심이 담겨 있다. 바로 이 사실에 우리의 모든 관심이 모아져야 한다. 또한 기도에는 반드시 하나님이 원하시는 순서가 있다. 그런데 많은 사람들이 이 사실을 알지 못하고 자신이 원하는 것을 구하는 기도에만 익숙해져 있다. 아무리 상황이 급박하고 어렵다 해도 하나님이 원하시는 것에 우선순위를 두어 기도해야 참된 응답을 받게 된다.

예수님께서도 먼저 기도할 것에 대해서 이렇게 말씀하셨다.

"그런즉 너희는 먼저 그의 나라와 그의 의를 구하라 그리하면 이 모든 것을 너희에게 더하시리라" 마태복음 6:33

하나님의 큰 응답을 받은 성경의 인물들 역시 기도의 순서가 달랐다.

형들의 손에 의해 애굽에 노예로 팔려간 요셉은 보디발의 집에서 큰 성공을 거두게 해달라고 기도하지 않았다. 억울한 누명을 쓰고 감옥에 들어가서도 성공을 바라는 기도를 하거나, 총리가 되어 세계를 장악하게 해달라고 기도하지 않았다. 요셉은 어떤 상황에서도 '여호와께서 함께 하신다.'는 사실을 늘 누렸다. 이것이 후에 그가 애굽의 총리로 쓰임 받게 된 결정적 응답의 증거였다. 하나님이 원하시는 것에 우선순위를 두어 기도하면 큰 응답을 받게 된다.

모세 역시 애굽의 왕자 신분을 버리고 호렙산에서 홀로 '하나님과 함께 하는 비밀'을 누리며 은혜를 받고 있을 때 이스라엘을 해방시킬 지도자로 하나님의 부르심을 받았다.

언약의 비밀을 알고 있던 모세를 통해 하나님은 애굽의 노예된 이스라엘 민족을 해방시켰다.

사무엘은 어렸을 때부터 성전의 언약궤 옆에서 누워 자며 하나님의 음성 듣는 일을 가장 소중히 여겼다. 이것이 그의 생활에서 그 어떤 일보다 먼저였다. 사무엘은 하나님께 무언가를 구하는 기도를 먼저 하지 않았다. 사무엘은 '늘 하나님이 함께 하는 사실'을 누렸고, 하나님은 사무엘의 말이 하나도 땅에 떨어지지 않게 응답하셨다.

다윗 역시 마찬가지였다. 그는 이스라엘의 임금이 되게 해 달라거나 권좌에 오래 머물 수 있기를 기도하지 않았다. 그는 단지 "여호와는 나의 목자시니 내게 부족함이 없으리로다"시편 23:1라고 고백했다. 여호와께서 함께하시기에 자신에게 정녕 필요한 것이 없다고 고백한 것이다. 어쩌면 이것이 참된 기도인지도 모를 일이다.

하나님은 이사야 선지자에게 강대국의 포로 된 이스라엘

민족이 해방되는 것이 먼저가 아니라 임마누엘을 누리는 것이 더욱 중요하다는 사실을 일깨워 주셨다.

"그러므로 주께서 친히 징조를 너희에게 주실 것이라 보라 처녀가 잉태하여 아들을 낳을 것이요 그의 이름을 임마누엘이라 하리라" 이사야 7:14

바로 이쯤에서 우리는 과연 기도가 무엇인가 하는 사실에 대한 정의를 내릴 수 있을 것이다. 기도란 지금 하나님이 나와 함께하시는 비밀, 곧 임마누엘을 누리는 것이다. 이것이 가장 확실한 기도의 정의이다.

인생의 참된 성공은 임마누엘을 누리는 것에서부터 시작된다. 그래서 하나님은 강대국의 포로 된 이스라엘 민족이 해방되는 것이 문제가 아니라 그것보다 더욱 중요한 임마누엘의 비밀에 관해 이사야 선지자에게 말씀하신 것이다. 이것이 인생의 큰 성공을 이루는 가장 중요한 핵심이다. 앞으로 세상은 갈수록 어려워질 것이기에 이 힘이 없으면 살아갈 수 없을 것이다. 성공의 방법과 이유도 이 안에 있다.

전도자 바울은 제자 디모데에게 큰일부터 하라고 말하지 않았다. 디모데가 갖추어야 할 영적 사명에 관해 말하기 이전에 먼저 그리스도 예수 안에 있는 은혜 속에서 강하라고 권면했다.^{디모데후서 2:1} 이것이 먼저이다. 물질보다, 눈에 보이는 당장의 현실문제보다 중요한 우선순위는 하나님이 성령으로 함께하시는 사실을 누리는 것이다. 만약 돈을 인생의 최우선순위로 두고 살아간다면 알 수 없는 어려움이 계속되고, 하나님의 자녀가 당연히 누려야 할 큰 축복도 놓치고 살아가게 된다.

많은 그리스도인들이 지금 당장 해결해야 할 일이 많고, 당장 물질이 없어 고통당하고 있기에 자신에게 필요한 것을 우선순위에 두고 기도하는 것을 본다. 그러나 하나님이 원하시는 것을 우선순위에 두고 기도한다면 하나님이 예비하신 큰 응답 속에 거하는 기쁨을 누리게 될 것이다.

하루에 단 1분이라도 하나님께 나를 드린다면
때가 되어 나타날 응답은 영원하다.

바로 지금 이 시간부터 기도를 회복하는 축복을 누려 보자.

"하나님, 지금 내가 당하고 있는 잠깐의 어려움은 능히 참을 수 있습니다. 하나님이 원하시는 바른 길로만 가게 하옵소서. 어떤 순간에도 하나님이 가장 원하시는 것을 할 수 있도록 저를 인도해 주옵소서."

하나님은 우리의 모든 사정과 형편을 알고 계시기에 반드시 믿음으로 드리는 기도에 응답하실 것이다. 예수님도 우리가 하나님께 구하기 전에 우리에게 있어야 할 것을 하나님께서 알고 계신다고 말씀하셨다.^{마태복음 6:8} 그렇기에 하나님께 무엇을 달라는 기도를 할 필요가 없다고 말씀하셨다. 예수님이 가르쳐주신 주기도문을 보면 다만 하루하루 살아갈 양식 외에는 하나님께 무엇을 달라고 간구하는 기도가 없다는 사실을 알 수 있다.

예수님께서는 "하나님의 이름이 거룩히 여김을 받도록, 하나님의 나라가 임하도록, 하나님의 뜻이 이 땅에서도 이루어지도록, 우리의 죄를 용서해 주시도록, 시험에 들지 말고 악에서 구원받도록" 기도하라고 말씀하셨다. ^{마태복음 6:9~13}

오직 하나님이 원하시는 것에 우선순위를 두는 기도, 이것이 기도 응답을 받는 첫 번째 원칙이다.

초대교회의 기도제목도 마찬가지였다. 그들은 어떻게 성공할 것인가에 관심이 없었다. 오직 성령으로 충만하기를 사모하며 기도했다. 성령 충만할 때 땅 끝까지 증인이 되리라는 약속의 말씀이 성취되기 때문이다.

최고의 응답을 받은 바울 역시 하나님이 원하시는 것을 위해 기도했다. 바울은 주의 복음을 증거 할 때 자신의 말솜씨와 지혜를 의지하지 않고 '예수 그리스도와 십자가에 못 박히신 것'만 알고 증거 하기로 작정했다고 고백했다. ^{고린도전서 2:1~2} 자신의 말과 복음 전파의 능력이 오직 하나님의 능력으로 된 것임을 많은 사람들에게 전하고 싶었기 때문이다. ^{고린도전서 2:4~5} 하나님이 주시는 응답을 받으려면 바울처럼 기도의 순서를 바꾸어야 한다. 이때 우리는 삶 속에서 승리하게 된다.

하나님의 지혜는 없어지지 않는다. 하나님이 주시는 축복은 사람에게서 난 것이 아니며, 사람이 빼앗을 수 있는 것도 아니다. 하나님이 예비하신 축복의 비밀은 하나님의 자녀가 아니면 깨닫지 못한다. 오직 성령의 능력으로만 깨달을 수 있다. 무엇을 구하기 이전에 먼저 하나님이 주시는 은혜를 받으면 모든 것이 통하게 된다. 또한 하나님이 예비하신 은혜 속에 거하면 놀라운 축복의 문이 열리는 것을 체험하게 된다.

하나님이 원하시는 내용으로 기도하라

기도의 순서를 올바르게 한 이후에는 하나님이 원하시는 내용을 가지고 기도해야 한다. 이때 하나님이 예비하신 참된 응답을 받게 된다.

이를 위해 다음의 세 가지 내용을 가지고 기도해야 한다.

첫째, 신분적 기도를 해야 한다

예수님을 마음속에 영접하여 구원받은 자들을 가리켜 하나님은 "너는 나의 자녀"라고 말씀하신다. 그렇기에 하나님 자녀의 신분을 누리는 기도를 시작해야 한다. 무작정 기도하지 말고 임마누엘의 축복을 누리는 기도를 해야 한다. 예배를 드릴 때도 하나님이 함께하시는 임마누엘의 축복을 깊이 누려야 한다. 일을 하면서도, 사람을 만날 때도, 전도하러 오고 갈 때도, 인간관계 때문에 시험에 들었을 때조차도 임마누엘의 기쁨과 행복을 되새기며 기도의 비밀을 회복해야 한다. 임마누엘의 축복은 복음을 깨달은 하나님의 자녀에게만 주어진 특별한 권세다.

다윗은 일상 속에서 이 기쁨을 충만히 누렸다. 시편에 기록된 그의 기도를 보면 잘 알 수 있다.

"나의 힘이신 여호와여 내가 주를 사랑하나이다 여호와는 나의 반석이시요 나의 요새시요 나를 건지시는 이시요 나의 하나님이시요 내가 그 안에 피할 나의 바위시요 나의 방패시

요 나의 구원의 뿔이시요 나의 산성이시로다" 시편 18:1~2

하나님은 그 자녀에게 큰 축복 세 가지를 주셨다. 바로 성령께서 늘 함께하시며,^{성령의내주} 하나님의 자녀를 인도하시고,^{성령의인도} 성령으로 충만하여 이 세상에서 승리하도록^{성령의충만} 은혜를 주셨다. 하나님의 자녀에게 일어나는 이 세 가지 성령의 역사를 누리는 방법이 기도다. 여러 가지 기도제목을 구하는 것보다 더 중요한 것은 하나님의 말씀을 읽고 묵상하는 것이다. 가장 좋은 기도는 나와 함께하시는 하나님을 누리는 것이다. 가장 좋은 헌신은 바로 나 자신을 하나님께 드리는 것이다. 이를 보고 성령 충만이라고 한다. 이 응답을 조금만 맛보면 반드시 성령의 역사가 일어난다.

그런데 시간을 정해놓고 기도하고, 아침, 저녁으로 금식기도를 해도 응답이 오지 않는 이유는 무엇일까? 사울왕의 예를 들어보자. 사울왕은 사위인 다윗이 죽고 자신의 아들이 이스라엘의 왕이 되게 해달라고 기도했다. 그의 기도가 응답되지 않은 이유는 하나님의 뜻을 구하기보다 자신의 욕심에 이끌려 육신적인 기도를 했다는 데 있다. 육신적인 동기와 야망을 가지고 기도하면 결국은 기도가 응답되지 않을 뿐 아니라 오히려 나중에 큰 어려움을 겪게 된다.

기도제목을 갖기 이전에 하나님이 주신 복음의 평안함을 누리고, 하나님 자녀의 신분부터 누려야 한다. 기도제목 중에서 가장 좋은 제목은 성령 충만이다. 늘 성령으로 충만하면 어떤 상황에서도 승리할 수 있다.

이 사실을 깨닫고 나면 나중에는 기도제목이 없어지게 되는 것을 발견하게 될 것이다. 소유욕도 없어진다. 어떤 이들은 돈, 집, 건강을 위해 기도하기도 하는데 그것을 위해 기도할 필요도 없게 될 것이다. 육신적인 것을 구하는 신앙인들은 오히려 그것 때문에 큰 문제가 일어나기도 한다. 사탄은 지금도 건재하기 때문이다.

"오늘 하나님이 나를 통해 이루실 가장 위대한 계획은 무엇인가?"
하루 중 가장 좋은 시간에 하나님과 깊은 대화를 나누어 보라.

둘째, 권세적 기도이다

눈에 보이지 않는 영적 존재인 사탄은 인간을 실패시키려 우는 사자처럼 따라다닌다. 사탄은 사람들이 하나님을 만나지 못하도록 방해하며, 하나님의 자녀라 할지라도 넘어뜨리려 몰래 숨어 불화살을 쏜다. 그래서 하나님의 자녀에게 주어진 권세를 사용하는 기도를 해야 한다. 만약 하나님을 믿지 않는 상태에서 50년을 살았다면 50년 동안 흑암의 세력 안에서 살았다고 보면 된다. 심지어 고향, 부모, 가정에 있던 영적 문제까지도 한 개인의 삶에 영향을 미칠 수 있다. 이것이 바로 '권세 있는 나사렛 예수 그리스도의 이름으로' 기도해야 할 이유이다. 이 기도는 개인에게 있는 고질적인 영적 문제까지 끊어버리는 비밀이다. 하나님은 예수 그리스도를 마음속에 영접한 바로 그 순간 하나님의 자녀가 되는 권세를 주셨다. 요한복음 1:12

사도 바울은 여종에게 역사하는 귀신을 향해 예수 그리스도 이름의 권세를 사용하여 귀신을 쫓아냈다. "바울이 심히 괴로워하여 돌이켜 그 귀신에게 이르되 예수 그리스도의 이름으로 내가 네게 명하노니 그에게서 나오라 하니 귀신이 즉시 나오니라" 사도행전 16:18

기도할 때마다 하나님 자녀의 권세를 사용하여 기도하면 개인에게 역사하는 흑암의 세력이 예수 그리스도의 이름으로 꺾이게 된다. 이때 중요한 사실은 우리 각자의 능력이 아닌 예수 그리스도 이름의 권세를 사용해야 한다는 것이다. 사탄의 머리를 깨뜨리고 마귀의 일을 멸하신 분은 오직 예수 그리스도 한 분뿐이시기 때문이다. 창세기 3:15, 요한일서 3:8

"나사렛 예수 그리스도의 이름으로 명령한다. 사탄의 세력은 결박을 받고 떠나갈지어다."

이때부터 하나님의 자녀만이 누릴 수 있는 특별한 네 가지 축복을 맛보게 된다. 그 첫째로 예수 그리스도의 이름으로 흑암의 세력이 꺾인다는 사실을 체험하게 된다. 또한 하나님이 그의 자녀에게 보내신 천사들의 도움을 받게 된다. 기도하면 하나님의 나라가 임하는 것을 체험하게 된다. 가는 곳마다 성령의 능력으로 그리스도의 제자를 찾아 세워 세상을 정복하는 권세도 누리게 된다.

패니 제인 크로스비 Fanny Jane Crosby:1820~1915 는 갓난아이였을 때 의사의 실수로 실명하게 된 후, '예수로 나의 구주 삼고', '오 놀라운 구세주', '나의 갈 길 다가도록' 등 약 만여 편의 찬송시를 지어 하나님의 이름을 높이고 구원의 축복을 전 세계에 알렸다. 비록 두 눈은 보이지 않았지만, 하나님이 진정 원하시는 것이 무엇인지 깨닫고 그것을 위해 기도했다.

바울 역시 복음을 전파하다 매를 맞고 로마 감옥에 갇히게 되었을 때 살려달라고 애원하지 않았다. 그는 '복음 때문이라면 죽어도 좋다.' 라고 선포하며 담대히 믿음을 선택했다. 이 고백 앞에 흑암의 세력은 꺾이고 말았다.

하나님을 모르는 사람은 물론이려니와 교회를 다니면서도

참된 기도의 내용과 기도 응답의 비밀을 놓치고 살아가는 사람이 너무나 많이 있다. 기도의 비밀을 정확하게 알지 못하면 깊은 산 속에 들어가 산이 떠나가도록 울부짖으며 힘들고 고통스럽게 기도해야 한다. 지금부터 하나님이 원하시는 것을 우선순위에 두고 신분과 권세를 사용하여 자신이 처한 현장에서 조용히 기도해 보자. 놀라운 일이 일어날 것이다.

셋째, 언약적 기도^{사명적 기도}이다

신분과 권세를 누리며 기도하다보면 하나님이 이 시대에 무엇을 원하시는지를 발견하는 눈이 열리게 된다. 성경을 보면 하나님이 시대마다 중요한 인물을 세워 하나님의 말씀을 증거 한 것을 볼 수 있다. 이 일에 쓰임 받은 사람이 바로 요셉, 모세, 사무엘, 다윗, 엘리사, 이사야, 바울과 같은 인물들이다.

하나님의 말씀을 깨닫고 성경을 읽으면 하나님이 원하시는 전도의 방법을 발견하게 된다. 또한 초대교회와 바울이 어떻게 세계를 정복했는지를 알게 되며 세계복음화와 후대의 중요성에 대해서도 깨닫게 된다. 하나님이 가장 원하시는 것이 무엇인지 깨닫고 기도하면 진정한 응답이 오게 되며 구하지 않은 것까지도 하나님이 응답하신다.

요한복음 16장 24절에는 "지금까지는 너희가 내 이름으로 아무 것도 구하지 아니하였으나 구하라 그리하면 받으리니 너희 기쁨이 충만하리라"고 말씀하고 있다.

지금부터 정시기도 시간에 성령의 충만함을 구하면 된다. 시간을 정해 놓고 하나님의 말씀을 묵상하며 오늘 내게 주신 약속의 말씀과 주일 강단의 말씀을 붙잡고 조용히 기도하는 시간을 갖는 것이다. 깊은 기도 속에서 영적인 치유가 일어나고, 이때 하나님이 예비하신 응답의 문이 열리게 된다. 응답을 맛보게 되면 기도는 저절로 될 것이다.

하나님의 자녀는 언제, 어디서나 기도의 비밀을 누릴 수 있다. 삶의 현장에서 하나님의 뜻이 이루어지고 성령의 인도를 받기 위해 기도하는 것이 무시기도이다. 가는 모든 현장마다 무시로 생각나는 것을 기도하는 무시기도의 비밀을 누릴 수 있다. 평상시에 이를 편안하게 누리면 하나님 앞에서 언약을 붙잡고 믿음으로 기도하는 시간이 가장 행복한 시간이 될 것이다. 이것이 바로 참된 기도를 누리는 방법이다.

특별한 일이 생겼을 때 어떻게 기도할까?

　살아가다보면 특별한 문제에 부딪히게 될 때가 있다. 이때 불신앙하기보다는 하나님의 계획이 무엇인지를 발견하기 위해 기도해야 한다. 하나님의 응답을 받으려면 하나님이 원하시는 기도의 순서와 내용을 잘 알아야 한다. 또한 하나님의 감추어진 계획도 발견해낼 수 있어야 한다. 하나님의 계획은 바로 나 자신을 변화시키려는 것이다. 큰 문제가 왔을 때 미리 걱정하지 말고 '하나님이 바로 지금 나를 변화시키려고 일을 행하신다.' 라는 사실을 먼저 깨달아야 한다.

예를 들어 남편에게 문제가 있어 남편의 변화를 바라고 철야기도를 하는 것이 아니라 자신을 변화시키기 위해 철야기도를 해야 한다. 나와 갈등관계에 있는 라이벌을 위해 금식기도를 하지 말고 자신을 위해 금식하며 기도해 보면 좋을 것이다. 자신을 변화시키기 위해 하나님의 계획을 붙잡고 금식기도를 하면 기적을 체험하게 될 것이다.

성경에는 특별한 일이 생겼을 때 기도하여 응답받은 예가 많이 있다.

하만의 계략으로 인해 유대인을 진멸하라는 왕의 명령이 내리자 유대인 왕후 에스더는 왕 앞에 나아가 민족을 구할 것을 결심한다. 이스라엘 민족은 한 사람도 빠짐없이 3일 동안 금식하며 기도했고, 에스더는 왕의 규례를 어기고 죽으면 죽으리라는 결심으로 왕 앞에 나갔다. 그 결과 역사를 바꾸는 하나님의 기적이 일어났다.

앗수르 왕 산헤립이 18만 5천 명의 막강한 대군을 이끌고 이스라엘을 초토화시키려 하자 히스기야 왕은 산헤립의 협박편지를 들고 성전에 들어가 특별기도를 드렸다. 그 밤에 여호와의 사자가 앗수르 군사 18만 5천 명을 쳐 밤새 진멸되고 마는 놀라운 기적의 역사가 일어났다.

복음을 전한다는 이유로 야고보가 죽임을 당하고 베드로가 옥에 갇히자 교회의 성도가 모여 간절히 기도했고 베드로는 천사의 도움으로 풀려나게 되었다.

중요한 일을 시작할 때, 위기를 만났을 때, 질병으로 인해 고통당할 때, 핍박과 문제, 갈등이 올 때 특별기도를 통해 하나님의 계획을 발견할 수 있어야 한다. 성경에는 그때마다 금식하며 기도하거나 철야기도를 한 것이 잘 기록되어 있다.

이와 함께 전 성도가 연합하여 기도할 때 하나님께서 기적의 문을 열어주셨다. 이스라엘 민족이 연합하여 하나 되었을 때 애굽에서 해방되어 나왔고, 전 백성이 연합하여 기도할 때 여리고가 무너졌다. 성도가 연합하여 기도하는 것은 하나님의 뜻을 이루는 데 있어 아주 중요한 부분이다.

또한 실패 가운데 있거나 영적인 어려움을 겪는 중에 특별기도를 하기도 한다. 하나님의 큰 응답을 누렸던 바울은 자신의 질병을 놓고 특별기도를 했다. 이때 하나님께서는 "내 은혜가 네게 족하다. 내 능력이 약한 데서 온전해진다."라고 말씀하셨다. 바울은 이 사실을 깨닫고 "나는 그리스도의 능력이 내 위에 머물러 있도록 하기 위해서 나의 약한 것들을 더욱 기쁘게 자랑합니다."라고 고백했다. 고린도후서 12:9, 쉬운성경 바울이 받은 은혜가 너무 크고 중하여 하나님께서는 은혜로 그러한 병을 허락하신 것이다.

"하나님, 복음 속에서 저를 변화시켜 주소서. 제게 힘을 주셔서 올바른 하나님의 계획을 붙잡게 하소서."

어떤 상황에서든 하나님의 뜻과 인도를 구하는 기도를 한다면 내 생각을 뛰어 넘는 하나님의 응답을 받게 될 것이다.

생각과 누림을 복음 속으로

   금식기도와 철야기도, 새벽기도, 산기도 등 특별기도도 필요하지만 하나님이 24시간 우리와 함께하시기에 평상시 기도의 축복을 누리는 것이 중요하다. 어떤 고민이나 염려가 있어도 하나님 앞에 내어 놓고 기도하고, 늘 무시로 하나님의 계획이 무엇일까를 생각하면 반드시 하나님의 큰 응답이 있게 될 것이다. 식사하면서도 기도하면 밥이 약이 될 것이며, 물을 마시면서 기도하면 그 물이 약이 될 것이다.

사람을 만나는 중에 기도하면 그 만남이 하나님의 계획을 이루는 귀중한 만남이 될 것이다. 성경에는 시간을 정해 놓고 기도할 때 놀라운 일이 있어났다는 사실을 기록하고 있다. 베드로와 아나니아가 기도할 때, 바울이 무시로 성령 안에서 기도하면서 하나님의 일을 막는 사탄의 세력을 예수 그리스도의 이름으로 꺾을 때 보이지 않는 오래된 흑암의 장벽이 무너져 내리는 영적인 사건이 일어났다. 이는 하나님의 자녀가 반드시 성취되는 약속의 말씀을 붙잡고 기도할 때만 일어나는 일이다.

개인적으로 평상시에 늘 하는 기도가 있다.

"주 예수 그리스도께서 내게 성령의 충만함을 주시고 세계 복음화 할 영력과 지력, 체력, 경제력, 인력을 허락해 주옵소서. 가는 곳마다 하나님의 나라가 임하며 천사를 보내어 지키고 보호하시며 하나님의 역사가 일어나게 하여 주옵소서. 한국과 세계를 살릴 그리스도의 제자들이 일어나는 축복의 문이 열리게 하여 주옵소서. 바로 이 시간에 흑암의 권세가 예수 그리스도의 이름으로 결박되게 하여 주옵소서."

하나님의 자녀가 기도할 때 눈에 보이지 않는 영적 사건이 일어난다. 지금 우리와 함께하시는 성령께서는 우리가 기도할 때마다 눈에 보이지 않게 우리와 관계된 모든 곳에 역사하신다. 하나님의 자녀가 기도할 때마다 하나님은 하늘의 군대를 보내어 우리를 지키고 보호하신다. 또한 예수 그리스도의 이름으로 기도할 때 가정과 개인, 자녀들에게 역사하는 흑암의 세력이 완전히 꺾이게 된다. 이를 누리는 것이 기도이다. 하나님의 자녀는 천국에 가기도 전에 천국 시민권을 가진 하나님의 백성으로 살게 된다. 그렇기에 비록 이 땅에 살고 있지만 하늘의 응답을 받게 되는 것이다. 이 사실을 믿고 하나님이 원하시는 대로 기도의 순서만 바꾸면 하나님의 큰 응답이 일어난다. 기도 응답이 없을 때는 나에게 힘을 주고 나를 변화시키려는 하나님의 계획이 있음을 깨달아야 한다.

문제 가운데서 기도 응답이 없다며 원망과 불평하기보다는
하나님이 원하시는 것이 무엇인지 간구하는 올바른 생각이
기도 응답의 핵심적인 비밀이다.

하던 모든 일을 멈추고 드리는 공 예배와 하루 중에 구별하여 하나님 앞에 나아가 말씀을 묵상하는 개인기도 시간은 아주 중요하다.

"주님, 오늘이 내 생애에 가장 복된 날이 되게 하옵소서. 내 어려움을 아시오니 내게 응답하옵소서."

설교자를 통해 전달되는 하나님의 음성을 잘 기록하여 조용한 시간에 이를 정리하고 묵상하면 평안한 응답이 오게 될 것이다.

바로 이것이 하나님이 응답하시는 기도이다. 기도는 결코 어렵지 않다. 우리의 생각과 누림이 복음 속으로 들어가면 기도의 응답을 누리게 될 것이다.

전기 스위치만 올리면 불이 들어오듯 가는 곳마다 예수 그리스도의 이름으로 흑암의 세력을 꺾고 하나님의 말씀 속에서 은혜를 받으면 응답의 문은 저절로 열린다.

하나님을 모르는 사람들은 이 비밀을 알지 못하기에 무조건 달라고 기도한다. 그러나 하나님의 자녀는 기도의 순서를 바꾸어 하나님이 원하시는 올바른 것을 먼저 달라고 기도해야 한다. 분명한 사실은 영적으로 깨어 기도하면 반드시 성령의 역사가 일어난다는 것이다. 겉으로는 연약해 보여도 하나님의 자녀는 세상의 영이 아닌 하늘의 영 곧 양자의 영을 받은 사람들이다. 문제는 하나님께 기도하는 우리의 중심이다.

전 도는 하나님이 가장 원하시는 것이며 하나님은 전도
하는 사람을 그 누구보다 귀하게 여기신다. 하나님이
보시기에 전도가 너무나 중요했기에 시대마다 복음 전하는
전도자를 통해 지역과 국가와 시대를 변화시키셨다.

5 영혼을 향한 애절함

전도

만 가지 문제와 한 가지 해답

요즘 유난히 자살하는 사람들이 늘어나고 있다. 통계청에 의하면 우리나라의 자살률은 2006년에 10만 명당 26명을 기록했고, 이는 1995년의 2.2배 수준에 달하는 수치이다. 10년 동안 자살률이 계속해서 증가하고 있으며, 현재 한국은 전 세계 OECD 가입국 중 자살률 1위를 점하고 있다. 뉴스에는 세간의 이목을 받는 연예인의 자살 사건만을 다룰 뿐이지만 실제 수도권에는 한 달에 1,000명 정도가 자살로 사망

한다고 한다.

왜 사람이 자살을 할까? 순간적인 감정으로 인해 충동적으로 자기 목숨을 끊는 사람은 없다. 어느 유명인이 자살한 이후에 유가족들이 "평소에 그렇게 명랑하던 아이가 왜…."라며 이해할 수 없다는 듯 오열하는 모습을 본 적이 있을 것이다. 꼭꼭 숨겨 와서 우리가 보지 못했을 뿐 아마 그 사람은 자살하기까지 말할 수 없는 고통을 당하며 힘들어 했을 것이다. 차라리 그 고통을 누군가에게 털어놓았다면 괜찮았을 텐데 감추고 있다가 더 이상 견딜 수 없는 상태에 이르렀는지도 모른다. 왜 이런 고통이 찾아오는 걸까? 또 이런 고통은 특정한 사람에게만 찾아오는 것일까?

우리 주변에는 자신이 가장 소중하게 여기던 것을 상실하고 그로 인해 자신의 정체성을 찾지 못한 채 삶의 의욕을 잃고 사는 사람도 많다. 많은 현대인들이 우울 증상을 겪고 있다는 기사를 접해 보았을 것이다. 굳이 기사를 인용하지 않더라도 우리는 때때로 우울감과 상실감에 빠져 삶의 의미를 알지 못한 채 마음의 방황을 하곤 한다. 이런 우울한 기분이 자주 나타나거나 상당 기간 지속될 때 우울증이라는 진단을 받기도 하고, 다른 정신적인 어려움을 겪게 되기도 한다. 이렇게 되면 정상적인 사회생활이나 대인관계를 제대로 할 수 없을 정도가 된다. 이런 극한 상황에서 사람들은 자살이라는 것을 생각하는 것이다. '이렇게 힘든 바에야 차라리 죽는 것이 낫겠다.' 라는 생각을 하게 되는 것이다.

사람들은 내면에 고통이 있을 때 괜찮은 것처럼 행동하거나 오히려 외형을 더 화려하게 치장하는 경우도 있다. 정상적인 사람이라도 영적인 힘이 없는 상태에서 쾌락만을 찾아다니게 되면 영적으로 어려움이 오게 된다. 사실은 마음속이 허하고 답답한데 이것을 해결할 길을 찾지 못하고 유흥을 통해서 해소하려고 애를 쓰거나 분주하게 여기저기 쫓아다니는 경우도 있다. 비어 있는 마음을 감추고 싶어서 즐겁고 쾌활

한 체하며 사는 사람들도 있다. 그러나 대부분의 사람은 상대방의 이런 모습 뒤에 숨겨진 문제가 있다는 것을 모르고 속는 경우가 많다.

집 밖에 화장실이 있던 어린 시절, 밤에 잠을 자다가 배탈이 나면 화장실에 가기가 정말 무서웠던 기억이 있다. 자고 있던 동생을 깨워서 같이 가고 싶었지만 그런 날은 깨워도 잘 일어나지 않아 할 수 없이 혼자서 가야 했다. 컴컴한 밤인데다 가로등도 하나 없으니 겁이 나서 가슴이 콩닥콩닥 뛰었고, 평소에는 생각나지 않던 무서운 이야기도 떠올랐다. 겁이 나자 괜히 큰소리로 노래도 불렀다. 평소에 노래를 부르면서 길을 걸은 적이 없었는데도 말이다. 즐거워서 노래를 부른 것이 아니라 겁이 나서 무서움을 떨쳐 보려고 부른 것이었다. 신나게 춤을 추고 노래 부르며 술을 마시고 즐겁게 노는 것처럼 보이는 많은 사람들이 어린 시절 나의 이런 경험과 비슷한 심정일지도 모를 일이다.

물론 영적인 어려움은 개인에게 다양한 형태로 나타난다. 고통을 견디다 못해 자살을 하는 사람도 있고, 마음속에 가득 찬 분노를 조절하지 못하고 범죄를 저지르는 사람도 있다. 그리고 대부분의 평범한 사람은 다른 사람의 시선을 의식하고 괜찮은 체하며 자신의 영적인 고통과 문제를 숨기며 살다가 어느 날 순식간에 무너지기도 한다. 아무도 이 문제를 해결할 길을 가르쳐주지 않기에 너무나 많은 사람들이 고통 속에서 하루하루를 살아가고 있다.

인간에게 찾아오는 마음의 공허와 영적인 고통이 얼마나 큰지 유명한 무속인 모 씨는 이것을 해결하기 위해 오랜 시간 해결책을 찾아 헤맸다고 고백했다. 교회 다니는 것을 그만두고 무속인의 길을 선택할 정도로 고민의 시간은 길었고, 선택 후에도 엄청난 고통이 따랐다.

어떤 사람은 승부욕이 강해 남에게 지는 것을 못 견디곤 한다. 이런 사람들은 자신이 원하는 대로 일이 되지 않으면 모든 것을 다 잃을지도 모른다는 두려움 때문에 심각한 영적인 고통을 겪게 된다. 그래서 '최고가 되지 못하면 살 가치도 없다.'라는 생각에 자살을 선택하기도 한다.

유명한 기독교인조차 자살이라는 극단적인 방법으로 생을 마감하는 것을 보고 사람들은 '교회에 다니는 사람이 자살을 하다니…'하고 의아해 한다.

그들은 왜 그랬을까? 교회에 다니는 것보다 더 중요한 것은 복음을 깨닫고, 말씀을 들으면서 믿음의 뿌리를 내리는 것이다. 그렇지 않으면 그 누구라도 영적인 어려움 앞에 무너지고 만다. 아무도 인간에게 닥쳐오는 마음의 짐과 정신적인 고통과 영적인 어려움을 이길 수가 없다.

전도 현장에서 다양한 직업을 가지고 각기 다른 삶의 방식으로 살고 있는 여러 계층의 사람들을 만나보았다. 그들을 만나볼수록 사도 바울이 왜 십자가 외에는 아무것도 말하지 않기로 했는지 이해되기 시작했다. 학식이 많고 유능했던 바울이 "우리가 너희에게 전한 복음 외에 다른 복음을 전하면 저주를 받을지어다"^{갈라디아서 1:8} 라고 말한 이유는 무엇일까? 이 세상에는 마음의 병과 정신적인 고통과 영적인 혼란 속에서 살고 있는 사람이 너무 많다. 상황과 모습만 다를 뿐 모든 사람이 인생의 고통을 겪고 있음을 깨닫게 되었다. 그렇기에 복음을 제대로 알지 못하거나 다른 복음을 알고 있다면 그 누구라도 무너질 수밖에 없다는 것도 알게 되었다.

사실 대부분의 사람들은 하나님의 존재에 관해서 생각조차 하지 않고 살아간다. 바로 이것이 문제이다. 또 어떤 사람들은 하나님이 있는지 없는지 고민하고 질문하기도 한다. 하지만 인간은 하나님을 떠났기에 하나님을 볼 수가 없고 이 세상에는 하나님을 만날 수 있는 길이 없다. 이렇게 하나님을 떠난 상태를 '원죄'^{原罪, original sin} 라고 한다. 여기서 핵심은 인간이 하나님을 만나지 못하게 된 이후로 인간에게 문제가 생겨나기 시작했다는 점이다. 이 원죄를 해결하기 위해서 하나님이 직접 그리스도로 오신 것이다.

그렇다면 전도란 무엇일까? 사람들에게 찾아드는 계속되는 문제의 원인을 알려주고 답을 제시하는 것이 전도이다.

어린아이가 태어나자마자 자기 어머니를 보고 '아, 이분이 우리 어머니구나.'라고 알 수는 없다. 아이가 어머니의 보살 핌을 받고 자라면서 어머니의 사랑을 더욱 절절히 느끼게 되고 어머니에 대한 신뢰도 견고하게 쌓여간다.

우리가 하나님을 알아나가는 것도 이와 마찬가지이다. 처음에 하나님에 관한 이야기를 들을 때는 하나님이 누구신지 잘 모르게 마련이다. 하나님의 말씀을 들을수록, 복음을 알게 될수록 하나님의 사랑과 인도를 더욱 실감하게 되고 확실한 믿음도 갖게 되는 것이다.

하나님을 모르고 살아가는 사람은 어머니가 누구인지 모르고 자라는 아이와 같다. 그렇게 자란 아이는 자신이 누구인지 혼란을 겪으며 평생을 살게 될 것이다.

생명의 말씀을 성취하시기 위해
하나님은 우리를 측량 못할 방법으로 인도하신다.

마찬가지로 하나님을 모르는 인간도 자신이 누구인지 모르고 살아가게 되고 영적으로 혼란을 겪게 된다.

복음은 우리를 원죄에서 빠져나올 수 있게 한다. 모든 인간은 운명에 걸려 있고 사탄의 손아귀에 갇혀 살아가고 있다. 그 속에서 사람들은 자신의 운명을 알아보려고 점을 치는 것이다. 전도란 바로 운명에서 완전히 빠져나올 수 있는 방법을 알려주는 것이며 원죄에서 해방될 수 있도록 복음을 전해주는 것이다. 그런 의미에서 전도는 하나님이 가장 원하는 것이며, 하나님은 전도하는 사람을 그 누구보다 귀하게 여기신다. 하나님이 보시기에 전도가 너무도 중요했기에 시대마다 복음 전하는 전도자를 통해 지역과 국가와 시대를 변화시키셨다.

고통의 뿌리

별다른 잘못을 한 것도 아닌데 끊임없이 문제 앞에 서 있다고 느낀 적이 있는가? 심각한 잘못을 저지른 것도 아닌데 왜 이런 일이 생기는지 도무지 이해할 수 없는 경우가 있다. 어떤 사람은 세 명의 아이를 낳았는데 셋 모두 정신적인 질병을 앓는 것을 본 적이 있다. 또 어떤 사람은 이유를 알 수 없는 재앙에 빠져 있다. 잘못이 있어서 대가를 치르는 것이라면 어느 정도 이해라도 되지만 그런 것도 아닌데 사람들은 끊임없이 어려움을 겪으며 살아간다. 이렇게 이해할 수 없는 상황을 겪는 것은 바로 원죄 때문이다. 가장 크고 무서운 죄인 하나님을 떠난 죄에 빠져 있기 때문이다.

아이가 늪에 빠지면 혼자서는 절대 올라올 수 없다. 늪에 빠져서 허우적거리면 거릴수록 몸은 점점 빠져 내려간다. 아이가 늪에 빠져서 나올 힘도 없고, 몸은 늪 속으로 더 깊이 빠져드는데 '네 힘으로 올라오라.'고 하는 것이 종교이다.

스스로의 힘으로는 늪에서 나갈 수가 없는데 노력이나 열심이 무슨 소용이 있을까? 늪에 빠진 아이에게 왜 늪에 들어

갔는지, 왜 조심을 하지 않았는지 따지는 것이 의미가 있을까? 부질없는 일이다. 이미 늪에 빠졌기 때문에 살려내는 것이 먼저다. 아이에게 줄을 던져서 붙잡게 해야 한다. 늪에 빠져 허우적대는 아이에게 줄을 던지는 것이 바로 전도이다.

이제 우리는 전도가 축복이 되는 이유와 하나님이 전도하는 것을 기뻐하시는 이유를 알아야 한다. 그 이유는 무엇일까? 이를 알기 위해서는 성경 창세기 3장으로 거슬러 올라가야 한다. 하와를 속여 하나님과의 약속을 깨뜨리게 한 존재는 요한계시록 12장 9절에 보면 "옛 뱀 곧 마귀라고도 하고 사탄이라고도 하며 온 천하를 꾀는 자"라고 했다. 이 뱀이 하와를 유혹했는데 사실 뱀 속에 사탄이 들어간 것이다. 이런 내용이 꼭 신화나 구전되는 옛날이야기처럼 들릴 수도 있지만 사실 이 사건은 인간의 역사에 있어 매우 중요한 일이다.

뱀이 하와에게 와서 '이것을 먹으면 눈이 밝아져 하나님처럼 된다.'라고 말했다. 듣기 좋은 말로 교묘하게 하와의 마음을 교만하게 만든 것이다. 이렇게 해서 사탄은 인간을 하나님과 멀어지게 만들었다. 하나님은 선악과를 먹는 날에는 "반드시 죽으리라"^{창세기 2:17}고 말씀하셨다. 그것이 하나님과 아담과의 계약이었다. 이것은 인간이 하나님을 알게 하고 하나님과의 관계를 유지하게 하는 약속이었다. 문제는 선악과를 먹은 것에 있는 것이 아니라 하나님과 인간이 맺은 계약이 깨진 것에 있다. 별일 아닌 것처럼 보이지만 실상 사탄은 이 사건을 통해 하나님과 인간과의 관계를 파괴시켜 버렸다. 그것도 아주 교묘한 방법으로 말이다.

뱀속에 들어간 사탄은 하와에게 이렇게 질문했다.

"하나님이 참으로 너희에게 동산 모든 나무의 열매를 먹지 말라 하시더냐?"

"다 먹어도 되는데 이것만 먹지 말라고 하시더냐"라고 물어봤어야 하는데 말이다. 이때 하와는 "다 먹어도 되지만 선악과는 먹지도 말고 만지지도 말라고 하셨다"라고 대답했다.

그리고는 이것을 먹는 날에는 '반드시 죽는다'가 아니라 "죽을까 하노라"^{창세기 3:2-3}라고 답했다. 이는 죽을 수도 있고, 죽지 않을 수도 있다는 말이다. 하나님과의 약속을 굳게 붙잡지 못한 것이다. 사탄은 하나님과의 약속을 희미하게 알고 있는 하와의 대답을 놓칠세라 그것을 먹는 날에는 눈이 밝아져 하나님과 같이 되어 선악을 알 줄 알고 먹지 말라고 한 것이라며 안심시켰다.

옛날이야기 속의 사건 같은 이 일은 지금 우리에게도 일어나고 있음을 알아야 한다. 이 사건 이후로 모든 인간은 하나님을 떠나 저주 가운데 빠지고 말았다. 요한복음 8장 44절에는 "너희 아비 마귀"는 "거짓말쟁이요 거짓의 아비가 되었음이라"고 기록되어 있다. 거짓말쟁이인 마귀에게 속아 마귀의 자녀로 살게 되니 실패할 수밖에 없는 것이다.

그러나 하나님은 "내가 너로 여자와 원수가 되게 하고 네 후손도 여자의 후손과 원수가 되게 하리니 여자의 후손은 네 머리를 상하게 할 것이요 너는 그의 발꿈치를 상하게 할 것이니라" ^{창세기 3:15}는 희망의 약속을 주셨다. 우리는 여자의 후손을 통해서 죄와 영적인 고통에서 빠져나올 수 있게 되었다.

이 사실을 모르는 사람에게 이 소식을 전하는 것이 전도이다. 하나님은 우리가 전도하려고 마음만 먹어도 축복하실 것이다. 복음을 알리는 전도만이 모든 사람이 영적 고통에서 해방되고, 죄와 사탄의 세력에서 빠져나오는 해결책이기 때문이다.

의지할 것을 찾아 헤매다

하나님과의 관계가 깨지고 나니 사람들은 본능적으로 의지할 대상을 찾아 헤맸고, 우상을 만들기에 이르렀다. 평소에는 점을 보지 않았던 사람들도 갑자기 사고가 생기거나 인생의 중요한 문제를 결정해야 할 때 점술이나 종교적인 행위에 의지하는 경우가 많다.

그럴 수밖에 없을 것이다. 문제는 계속 닥쳐오고 해결할 길이 없어 마음은 답답한데 누군가 답을 준다고 하면 솔깃하게 될 것이다. 처음부터 좋아서 찾아갔다기보다는 방황하다가 점을 치러 가거나 각종 종교를 찾아간 것이 아닐까?

그런데 더 큰 문제는 여기에서 끝이 아니라는 점이다. 출애굽기 20장 3~5절에 우상 숭배하는 사람의 집은 삼사 대까지 망한다고 기록되어 있다. 인간의 힘으로는 도저히 막을 수 없는 실패 속에서 우리는 어떻게 벗어날 수 있을까? 이 실패 속에서 빠져나올 수 있도록 도와주는 것이 전도이다.

한번은 길에서 굿을 하고 오는 무당과 마주친 적이 있다. 강한 인상이었지만 불안하게 흔들리는 눈빛이 한눈에 보아도 평범한 사람 같지 않았다.

둘러말하지 않고 단도직입적으로 이렇게 이야기했다.

"아주머니, 우상 숭배를 하는 무당의 자녀들은 정신적인 문제가 옵니다. 예외가 없습니다."

아주머니는 그 이야기를 금방 알아들었다. 그리고는 어떻게 해야 문제를 해결할 수 있는지를 물어보는 것이었다. 무당인 아주머니가 성경에 대해 들어본 적이 없었을 테지만 출애굽기 20장 3~5절의 말씀을 전했다.

말씀을 듣고 아주머니는 예수님을 믿었는데 그 후에 온 가족을 하나님께로 인도해왔다. 지금은 교회에서 직분을 맡아 자신이 변화된 것을 다른 사람에게 증거 하며 살고 있다.

하나님이 주신 복음을 전했는데 다른 사람의 사주와 팔자를 봐주던 무당이 하나님의 자녀로 변화되는 기적을 보았다. 전도 안에는 모든 축복이 다 들어 있다. 전도는 한 사람의 인생을 살리는 일이며, 가문을 축복으로 인도하는 일이기 때문이다. 한 사람의 영혼을 살리는 것만큼 값진 삶이 또 있을까?

정신적 어려움

인간의 힘으로 해결할 수 없는 원죄와 운명에 묶여 헤매는 사람들은 우상 숭배를 하게 되고 정신적인 어려움을 겪게 된다. 나무는 탁자나 책장을 만들 때 써야 하는데, 나무에 예를 갖추고 절을 하는 것이 우상 숭배이다.

어린 시절 옆집에 사는 한 아저씨는 나무를 깎아서 조각을 만들었다. 코도 깎고 눈도 만들고 형상을 만들어 놓고는 그 조각 앞에 절을 했다. 자신이 만든 물건에 절을 하면서 도와 달라고 하는 모습을 그려보라. 그 물건이 과연 복을 가져다 주고, 화를 물리쳐줄 것인가?

'몰라서 그렇지, 우리는 조상을 잘 섬겨서 이렇게 잘 지내고 있다.' 라는 생각을 하는 사람도 있을 것이다. 과거도 알아 맞히고, 전생도 알려주고, 굿을 하면 돌아가신 부모님이 와서 음성도 들려주는데 어떻게 그것이 거짓이라고 하느냐고 반문할 수도 있다. 그런데 그것이 바로 귀신의 역사이다. 사람들은 눈에 보이지 않게 활동하는 귀신의 세력을 모르고 속고 있다. 그래서 정신적인 고통을 겪게 되는 것이다. 예수님이 이것을 아시고 마태복음 11장 28절에 "수고하고 무거운 짐 진 자들아"라고 하시며 사람들을 부르신 것이다.

또 어떤 사람은 '나에게는, 우리 가족에게는 그런 문제가 없다.'라고 말하는데 문제는 어느 날 갑자기 찾아온다. 문제가 터지는 시기에 차이가 있을지 몰라도 귀신에게 묶여있으면 언젠가는 어려움을 당하게 된다.

운명을 믿고 택일을 하는 사람들은 이사를 마음대로 다니지도 못한다. 손 없는 날에 이사를 하지 않으면 큰일이 난다고 믿고 있고, 실제로 아무 데나 이사를 갔다가 사고가 터지기도 한다. 예전에 살던 집 주인이 집을 수리하고는 점을 보러 갔다가 점쟁이가 그 집에 들어가지 말라고 해서 다른 동네에 잠깐 이사를 갔는데 아들이 갑자기 죽고 말았다. 잠깐 머물기 위해 이사를 간 곳이 점쟁이가 말한 방향이 아니었다는 것이 아들이 돌연사한 이유라고 말했다.

언젠가 교회에서 중직을 맡은 분이 상담을 하러 온 적이 있다. 네 형제가 있는데 막내인 자신만 교회에 다니고 있다고 했다. 갑작스런 사고로 큰 형이 죽자 가족들은 여느 때처럼 점쟁이를 찾아갔다. 유명한 점쟁이를 찾아갔더니 부모님의 무덤자리를 잘못 잡아서 그런 것인데 묏자리를 옮기지 않으면 자녀들에게 차례로 문제가 올 것이라고 말했다. 설마 하며 대수롭지 않게 생각하다가 두 번째 형이 길을 가다 미끄러져서 하수구에 빠져 죽고 말았다. 점쟁이의 말대로라면 이제 셋째 형에게 사건이 생길 차례가 아닌가? 셋째 형은 갑자기 충격이 됐는지 자리에 몸져눕고 말았다. 상황이 이렇게 되자 다급해진 그분은 이제 어떻게 해야 하나, 묘지를 정말 옮겨야 하나 하면서 걱정을 하는 것이었다.

그래서 이렇게 물었다.

"예수님을 믿습니까? 예수님을 구주로 영접하셨습니까?"

그분은 그렇다고 대답했다. 만약 그가 예수님을 믿는다면 아무것도 문제될 것이 없다. 운명이나 저주나 그 무엇도 예수님을 구주로 영접한 하나님의 자녀를 건드릴 수 없기 때문이다. 영접하는 자 곧 그 이름을 믿는 자들에게는 하나님의 자녀가 되는 권세를 주셨고, 이미 사망에서 생명으로 옮겼기 때문이다. 그분과 함께 한 번 더 예수님을 주인으로 모시는 기도를 하고 이제 아무 걱정도 할 필요가 없음을 알려주었다. 그 사실을 확인한 이후 그분이 두려움이나 근심 없이 편안하고 안정된 삶을 살게 된 것은 물론이다.

어느 교회에 말씀을 전하러 갔다가 그 교회 성도의 부탁을 받은 적이 있다. 내용인즉 자기 친척 집에 가서 말씀을 전해 달라는 것이었다. 그 친척분도 말씀을 듣기 원한다는 말을 듣고 그 집에 찾아갔다. 현관에 들어서자마자 커다란 발판 밑에 부적이 한가득 놓여있었고 방 곳곳에 고가의 부적이 붙여져 있었다. 심지어 물을 마시다 사고가 생기지 말라고 냉장고 안에도 부적을 붙여 놓은 것을 보았다. 이런 광경은 처음 보았다고 하니 그분 말씀이 자기 집안은 하루가 멀다 하고 사고가 나기 때문에 겁이 나서 이렇게 부적을 붙여놓았다는 것이다.

"오늘부터 예수를 믿으면 하나님의 자녀가 됩니다. 하나님의 자녀에게는 귀신과 흑암의 세력이 떠나가기 때문에 모든 운명에서 해방될 것입니다."

그에게 복음을 증거 했다. 그리고 같이 갔던 성도들과 함께 집안에 붙여져 있던 그 많은 부적을 다 떼어냈다. 그 후 그 가정은 10년이 지난 지금까지도 행복하고 건강하게 살고 있다.

만약 우리가 하나님을 만나지 못한 사람에게 복음을 전한다면 어떤 일이 일어날까? 우리가 전한 복음을 듣고 하나님의 자녀가 된 한 사람으로 인해 그의 가족이 모두 구원을 받게 된다면 그보다 더 큰 축복이 있을까?

육신의 병

하나님을 만나지 못한 인간은 우상을 만들어서 그 우상에게 자신의 인생을 맡겨 버리고, 그 우상을 통해 악령이 역사하니 정신과 마음은 더욱 메말라 가게 된다. 하나님을 떠나 우상 숭배를 하니 마음에 병이 오고 육신에도 어려움이 오게 된다. 인간의 영혼과 정신과 육체는 분리될 수 없는 영역이기에 영적으로 죽은 인간에게 육신의 질병이 찾아드는 것은 그리 이상한 일이 아니다. 질병에는 영적인 문제로 오는 병이나 신들려서 오는 병도 있고, 감염이나 면역 기능 약화로 오는 단순한 병도 있다. 또 가문 대대로 내려오는 동일한 질병도 있다.

물론 모든 질병이 영적인 문제에서 오는 것은 아니지만 자주 아프거나 고질적인 병으로 고통당하는 사람은 먼저 영적인 힘을 얻어야 한다. 인간의 신체나 정신 건강을 돌보는 의사나 심리치료 전문가들도 영혼의 건강 상태에 주목할 필요가 있다. 마음이나 정신 그리고 영혼이 건강하지 않으면 신체의 질병을 고쳐도 완전히 해결할 수는 없기 때문이다.

만약 우리가
하나님을 만나지 못한 사람 한 명에게
복음을 전한다면 어떤 일이 일어날까?
우리가 전한 복음을 듣고 하나님의 자녀가 된
한 사람으로 인해 그의 가족이 모두 구원을 받게 된다면
그보다 더 큰 축복이 있을까?

어떤 사람은 날 때부터 걷지 못했다. ^{사도행전 3:1~12} 날 때부터 걸을 수 없었으니 성인이 될 때까지 늘 구걸하고 살았다. 구걸할 수 있도록 그를 성전 앞에 데려다준 사람이 있었을 것이다. 많은 수고를 하고 도움을 주었지만 그가 가진 근본적인 문제를 해결해주지는 못했다. 또 지나가다가 그에게 동전을 던져준 사람도 있었을 것이다. 그 동전으로 하루하루 끼니는 해결할 수 있었겠지만 근본적인 해결은 되지 않았다. 이 사람에게는 무엇보다 영적인 도움이 필요했다. 이것을 깨달은 베드로는 이렇게 선포했다.

"은과 금은 내게 없거니와 내게 있는 이것을 네게 주노니 나사렛 예수 그리스도의 이름으로 일어나 걸으라"

이 고백을 하자 태어날 때부터 가지고 있던 원죄와 영적인 문제가 해결되어 버렸다. 그러자 발과 발목이 힘을 얻고 뛰어 서서 걷게 되었다.

하나님을 떠나 영적으로 죽은 상태에서 온 신체적 질병은

예수님을 영접하는 순간 바로 해결되기도 한다. 사도행전 8
장을 보면 많은 사람에게 붙었던 더러운 귀신들이 크게 소리
를 지르며 나가고 또 많은 중풍병자와 못 걷는 사람이 나았
다고 했다. 이렇게 운명에 빠져 육신의 병으로 고통 받는 사
람들을 살리는 것이 전도이기 때문에 전도에는 엄청난 축복이
들어 있는 것이다.

영원한 문제

아무리 많은 재산을 가져도, 세상의 명성을 얻어도 나이가
들면 죽음을 맞아야 한다. 누가복음 16장에 보면 한 부자가
있다. 그는 매일 잔치를 할 정도로 풍족한 생활을 하며 사람
들과 어울려 외롭지 않은 일생을 보냈지만 하나님을 만나지
못했기에 결국 죽고 난 뒤 지옥에 가게 되었다. 히브리서 9
장 27절에 한 번 죽는 것은 사람에게 정해진 것이며 그 후에
는 심판이 있을 것이라고 했다. 죽음 후에는 이 세상에서 가

졌던 모든 것이 소용없게 된다.

젊은 시절 그렇게 멋있게 활약하던 인물들도 나이가 들면 힘을 잃고 만다. 하나님을 만나지 못한 사람은 복음을 알지 못한 채 평생을 고통 속에서 살다가 죽는 순간까지도 허무와 괴로움을 안고 생을 마감한다. 죽음 앞에서 자신은 불행하지 않았다고 말할 사람이 얼마나 될까? 문제는 여기서 끝이 아니라는 점이다.

후대에게 대물림

더 큰 문제는 후대에게 영적인 문제가 그대로 전해져 내려간다는 것이다. 어쩌면 그리도 딸이 어머니를 닮는지, 아들이 아버지를 닮는지 무서우리만큼 부모의 성품이나 기질, 습관 등이 자녀에게 그대로 전달된다. 무엇보다 큰 문제는 성품이나 기질뿐 아니라 하나님을 떠난 영적 상태와 해결되지 않은 영적인 문제까지도 물려받는다는 점이다. 앞서 잠깐 언급한 적이 있지만 가문 대대로 동일한 질병으로 가족이나 친지가 사망하거나 현재 그 질병을 앓고 있는 경우도 있을 것이다. 이렇게 가문 대대로 대물림되는 영적인 문제를 끊는 것이 전도이다.

전도는 왜 영원한 축복이 되는가?

하나님을 떠난 인간이 직면하게 되는 여러 가지 문제에서 빠져나오는 길은 단 하나뿐이다.

로마서 5장 8절에는 "우리가 아직 죄인 되었을 때에 그리스도께서 우리를 위하여 죽으심으로 하나님께서 우리에 대한 자기의 사랑을 확증하셨느니라"라고 기록되어 있다. '우리가 아직 죄인 되었을 때' 라는 말은 '우리가 아무것도 모르고 죄 가운데 있을 때' 라는 말이다. 그때 그리스도께서 십자가에 못 박히심으로 하나님이 우리에 대한 자기의 사랑을 확실히 증명하셨다는 것이다.

하나님이 미리 길을 열어주셨다. 언뜻 이해가 되지 않을 수도 있지만 우리의 힘으로는 고통의 뿌리인 근본문제를 해결할 수 없기에 하나님이 열어주신 그 길로 가기만 하면 된다. 누구든지 주의 이름을 부르면 구원을 받는다는 로마서 10장 13절의 말씀은 우리에게 문제를 해결할 힘이 없기 때문에 예수님의 이름을 믿고 부르기만 하면 구원을 얻는다는 뜻이다.

영접하는 자 곧 그 이름을 믿는 자들에게는 하나님의 자녀가 되는 권세를 주셨다고 했다. 꼭 입으로 영접해야 하는 것은 아니다. 마음으로 믿는 것과 영접하는 것은 같은 의미이다. 이때 요한계시록 3장 20절의 말씀대로 하나님의 성령이 우리 마음속에 들어와 계신다. 성경에 나타난 이 약속을 믿음으로 붙잡으면 역사가 일어나기 시작한다.

전도자의 삶

그러면 지금부터 사람들이 모여 있는 광장이나 시장에 나가 전도를 해야 할까?

꼭 거리에 나가 전도하지 않아도 전도가 무엇인지 알기만 하면 응답의 문이 열리게 된다. 전도는 우리를 사망에서 생명으로 이끈 복음, 우리를 변화시킨 복음을 다른 사람에게 설명하는 것이다. 우리가 전한 복음을 듣고 한 영혼이 생명을 얻고 하나님을 만나게 된다면 이보다 값진 일은 없을 것이다.

복음을 듣고 예수님을 영접하는 순간에 그 사람의 영혼 속에 성령이 역사하시기에 전도는 구원받은 사람에게도 축복이고, 복음을 전한 우리에게도 축복이다.

따로 시간을 내어 사람들이 모여 있는 곳에 가서 복음을 전하는 것은 참으로 귀한 일이다. 그런데 만일 우리의 삶 속에서 일어나는 상황과 여러 만남을 통해 편안하고 자연스럽게 전도가 된다면 어떨까? 사도행전 1장 8절에는 "오직 성령이 너희에게 임하시면 너희가 권능을 받고 예루살렘과 온 유대와 사마리아와 땅 끝까지 이르러 내 증인이 되리라 하시니라"고 했다. 전도는 사람들이 우리의 모습을 보고 하나님이 살아 계신 것을 알게 될 때 자연스레 되기 시작한다. 전도가 어렵지 않다고 말할 수 있는 것은 바로 이 때문이다.

하나님의 자녀 된 우리가 머무는 곳마다 하나님의 역사가 나타나고, 흑암과 어둠의 권세가 무너진다. 이러한 영적인 배경을 가지고 증인의 삶을 산다면 우리는 바로 전도자이다.

마태복음 6장 33절을 보면 "그런즉 너희는 먼저 그의 나라와 그의 의를 구하라 그리하면 이 모든 것을 너희에게 더하시리라"고 했다. 마태복음 10장 42절에는 전도자에게 대접하는 냉수 한 그릇도 상을 잃지 않는다고 했다. 고린도전서 15장 58절에는 전도자의 수고가 하나도 헛되지 않을 것이라고 했다. 하나님이 얼마나 전도하는 것을 기뻐하시는지 전도자의 인생을 책임지겠다고 약속하셨다.

이제 중요한 것은 하나님의 자녀 된 우리의 관심이다. 우리가 무엇에 관심을 가지고 살아가는지 점검해 볼 때이다.

교도소에 정기적으로 들어가서 전도했던 적이 있다. 전도가 얼마나 큰 축복인지 알면서도 솔직히 어떤 때는 가기가 싫었다. 하루는 교도소 전도를 하러 가는 날인데 피곤하기도 하고 쉬고 싶었다. 하지만 같이 가는 성도들이 있었기에 먹을 것을 사들고 내키지 않는 걸음을 재촉했다.

그날도 수감자들과 함께 예배를 드린 후에 음식을 먹으며 이야기를 나누고 있는데 한 편에 앉아있던 수감자 한 명이 눈에 띄는 것이었다. 그 사람은 항상 말없이 자리에 앉아 복음을 유심히 듣고 있던 사람이었다. 붉은색 죄수 번호는 사형수에게만 붙인다는 이야기를 들은 적이 있어서였는지 그가 입고 있는 죄수복 가슴께에 새겨진 붉은색 번호가 한눈에 들어왔다.

말이라도 붙여보려고 그에게 다가가 왜 음식에 손도 대지 않는지 물었다. 그랬더니 배가 고프지 않다고 대답했다. 그러면서 자신의 사연을 풀어놓았다. 부부싸움을 했는데 심하게 때린 것도 아니고 홧김에 뺨을 때렸는데 그만 아내가 죽고 말았다고 했다. 그래서 살인 혐의로 교도소에 들어왔다는 것이었다. 수감되어 지내면서 가장 큰 걱정은 집에 혼자 남겨진 딸이라고 이야기했다. 딸이 어떻게 지내고 있는지, 앞으로 자신은 어떻게 될지 몰라 불안해하고 걱정하고 있었다. 너무 괴로워서 매일 죽을 생각만 하고 있다는 것이었다.

그런 그에게 복음을 전했다. 그리고 그날 그는 예수님을 구주로 영접했다. 하나님의 자녀가 되고 나니 마음이 너무 편안하다고 그는 고백했다. 만약 그날 아침에 피곤하다는 이유로 그곳에 가지 않았으면 어떻게 됐을까? 하나님이 보내신 곳에 가서 하나님이 예비한 사람에게 복음을 전한 것뿐인데 한 사람의 인생이 새롭게 시작되는 것을 보았다.

성령이 역사하실 수 있는 열쇠는
예수 그리스도의 비밀을 알고 그 능력을 믿는 믿음에 있다.

당신은 전도자다

우리는 이제 기도하기만 하면 하나님이 주시는 응답을 받
게 된다. 살아 계신 하나님이 우리와 동행하시며 우리를 인
도하고 계심을 마음껏 누릴 때 우리에게는 응답이 넘쳐날 것
이다. 하나님의 자녀인 증거와 하나님이 주시는 응답이 우리
삶 속에 있다면 우리는 예수 그리스도의 증인이다.

복음을 깨닫고 전도의 가치를 깨달은 당신은 이미 전도라
는 축복의 대열에 서 있으며 증인의 삶을 살고 있는 것이다.
한 영혼 한 영혼을 사랑하여 구원하기 원하시는 하나님의 소
원이 전도자인 당신을 통해 이루어질 것이다. 당신의 일생이
하나님의 소원에 쓰임 받는 참된 축복을 누리길 바란다.

전도는 방법이나 전략이 아닌 현장이며 생명 그 자체이다. 전도 안에는 인생의 모든 것, 하나님의 모든 비밀, 하나님의 모든 계획이 오롯이 감추어져 있다. 전도는 잃어버린 영혼에게 예수 그리스도의 생명과 능력을 공급하는 일이기에 해도 되고 안 해도 되는 것이 아니다. 다만 전도는 우리의 능력이 아닌 성령의 능력으로 되어지는 것이다. 복음을 전할 대상자는 얼마든지 있는데 복음을 올바로 전할 일꾼이 없는 이때, 우리는 무엇을 위해 간구해야 할 것인가?

셉에게 하나님이 함께하셨던 것과 같이 당신의 직장
과 학교 그리고 사업 현장에 하나님이 함께하시면 된
다. 하나님이 함께하시면 요셉처럼 아무 말 하지 않아도 직
장 상사와 주위 동료가 하나님의 살아 계심을 다 알게 될 것
이다. 이렇게 쉬운 것이 전도다.

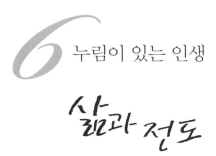

6 누림이 있는 인생

삶과 전도

신앙생활의 첫 출발, 어떻게 할까?

　'첫 단추를 잘 끼워야 한다', '시작이 반이다' 라는 말이 있 듯이 누구에게나 시작은 아주 중요하다. 그런데 종종 시작을 올바르게 하지 못해, 단추를 잘못 끼운 옷 마냥 그 모습이 보 기 좋지 않은 사람들이 있다. 기독교인들도 마찬가지이다. 신앙의 첫 시작, 첫 단추, 첫 출발을 잘해야 하는데 오해와 착각으로 출발하면 항상 나쁜 결과를 야기한다. 도대체 기독 교인들이 무엇을 오해하고 착각하는 것일까?

복음

첫 번째로 복음에 대해 오해하고 있다. 복음을 그저 신앙의 기초쯤으로 오해하여 착각 속에서 신앙생활을 하고 있다. 그러나 복음은 신앙의 기초가 아니다. 신앙의 기초이자 전부이다. 하나님은 복음 안에 "지혜와 지식의 모든 보화가 감추어져 있느니라"고 하셨다.^{골로새서 2:3} 바울 또한 '내 주 그리스도 예수를 아는 지식이 가장 고상하다' 라고 했다. ^{빌립보서 3:8}

그런데 '그래도 복음만으로는 부족하다.' 라고 말한다면, 나침반의 방향을 무시한 채 항해를 나가는 배와 같이 될 것이다. 나침반이 가리키는 곳으로 가지 않으면 목적지에 도착할 수 없듯이 하나님이 가리키는 방향으로 가지 않으면 목적지에 도착할 수 없다. 도착은커녕 표류하다가 난파될 수도 있다. 하나님의 말씀과 달리 복음을 기초로 두고 그 위에 자기 경험, 자기 생각, 자기 고집을 계속 쌓아 나간다면 끊임없이 갈등하고 문제에 부딪혀 고통 받게 된다.

성령의 인도받는 것보다 완벽하고 복된 삶은 없다.

기도

신앙의 첫 단추인 복음에 대해 오해하면 신앙의 두 번째 단추인 기도에 대해서도 오해하게 된다. 기도는 하나님이 주신 복음을 누리는 것이다. 자신이 원하는 목표를 달성하고자 날짜를 정해 놓고 기도하는 사람도 있다. 물론 그것이 나쁘다고 말할 수는 없지만 기도의 정석일 수는 없다. 하나님은 우리가 기도로 복음의 비밀을 깊이 누리길 바라신다. 남녀가 결혼하면 자연스레 아이가 생기는 것처럼 하나님은 복음을 듣고 생명을 얻은 우리가 삶 속에서 하나님이 함께하시는 풍성한 증거를 보길 바라신다. 그 증거가 바로 전도이다.

전도

전도는 복음을 누리고 있으면 자연스레 되어지는 응답이다. 그러나 많은 기독교인들이 전도를 어려운 숙제라 여기며 외면하고 있다. 복음만 제대로 알고 누리고 있으면 저절로 되는 것이 전도인데, '무조건 어렵다.'라고 오해하고 있는 것이다.

난 기독교 집안에서 자라 정통 신학까지 공부했지만 기도 응답도 없고 전도도 어려워 늘 고민했던 시절이 있었다. 외향적인 성격이었으면 먼저 사람들에게 다가가 말도 걸고 친하게 지내며 복음을 전했을 텐데 그런 성격도 아니라 전도는 체질상 나와 맞지 않은 것만 같았다. 그러나 얼마 지나지 않아 그런 생각이 틀렸다는 것을 깨닫게 되었다. 하나님이 주신 완벽한 복음을 기도로 누리고 있으면 응답과 증거로 전도가 되어진다는 사실을 알게 되었다. 보디발의 집에 노예로 팔려간 요셉처럼 전도는 삶 속에서 자연스럽게 나타나는 증거였다.

"여호와께서 요셉과 함께하시므로 그가 형통한 자가 되어 그의 주인 애굽 사람의 집에 있으니 그의 주인이 여호와께서 그와 함께하심을 보며 또 여호와께서 그의 범사에 형통하게

하심을 보았더라" ^{창세기 39:2~3}

요셉의 주인 보디발은 여호와 하나님이 요셉과 함께하심을 보았다. 그리고 하나님이 그를 범사에 형통케 하시는 것을 보았다. 이것이 바로 전도이다. 요셉에게 하나님이 함께하셨던 것과 같이 당신의 직장과 학교 그리고 사업 현장에 하나님이 함께하시면 된다. 회사에서 전도지를 돌리며 한 번만 교회에 와 달라고 설득할 필요도 없다. 하나님이 함께하시면 요셉처럼 아무 말 하지 않아도 직장 상사와 주위 동료가 하나님의 살아 계심을 다 알게 된다. 이렇게 쉬운 것이 전도다. 그래도 전도가 어렵게 느껴진다면 그것은 복음을 모르기 때문이다.

나 자신도 복음을 몰랐을 때는 전도가 힘든 일이라고 생각했다. 복음의 비밀을 몰랐기 때문에 그저 세상에서 가장 어려운 것이 전도라고 생각했다. 하지만 복음을 바로 알고 보니 세상에서 가장 쉬운 것이 전도였다. 복음을 기도로 누리고 있으면 너무나 쉽게 되는 것이 전도였다. 어떤 절망스러운 환경이라 할지라도 복음만 누리고 있으면 하나님은 환경을 뛰어넘는 은혜와 증거를 주신다.

초대교회 성도는 예수를 믿는다는 이유로 가정에서 쫓겨났고, 사회에서 외면당했으며, 죽이겠다는 무리를 피해 숨어 지내야 했지만 사도행전 1장 8절의 언약, "오직 성령이 너희에게 임하시면 너희가 권능을 받고…땅 끝까지 이르러 내 증인이 되리라' ^{사도행전 1:8} 는 말씀을 붙잡고 오로지 기도했다. 그때 초대교회에 놀라운 일이 벌어졌다.

"오순절 날이 이미 이르매 그들이 다같이 한 곳에 모였더니 홀연히 하늘로부터 급하고 강한 바람 같은 소리가 있어 그들이 앉은 온 집에 가득하며 마치 불의 혀처럼 갈라지는 것들이 그들에게 보여 각 사람 위에 하나씩 임하여 있더니 그들이 다 성령의 충만함을 받고 성령이 말하게 하심을 따라 다른 언어들로 말하기를 시작하니라" ^{사도행전 2:1~4}

초대교회에 아무도 막을 수 없는 불과 바람 같은 성령의 역사가 임했다. 그리고 그들을 통해 수많은 사람이 복음을 듣고 그리스도의 제자로 세워졌다. 상황, 여건, 환경, 체질과 상관없이 전도가 되어진 것이다.

현장에서 복음을 누려라

지금 당신도 초대교회의 성도처럼 전도의 축복을 누릴 수 있다. 하나님께서는 당신에게 삶의 축복과 전도의 방법을 알려주길 원하신다. 그 방법은 너무나 쉽고 간단하다.

하나님이 주신 답

하나님이 주신 삶과 전도의 방법, 그 첫 번째는 현장에서 하나님이 주신 답을 누리는 것이다. 다시 말해, 하나님이 나와 함께하시고 삶 속에서 하나님이 주신 복음의 비밀을 깊이 깨닫는 것이 첫 번째 방법이다.

그러나 종종 사업을 하느라 전도할 시간이 없다고 말하는 사람들이 있다. 사업과 전도를 따로 떼어 생각하면 그럴 수도 있다. 요셉과 함께하셨던 하나님이 지금 당신의 사업에 함께하신다고 생각해 보자. 모든 사람들이 형통의 증거를 보게 될 것이다. 그 증거는 복음을 전파하는데 중요한 통로가 될 것이고, 당신은 그저 요셉처럼 복음을 누리고 있다가 누가처럼 다른 사람에게 알려주기만 하면 되는 것이다.

"데오빌로여 내가 먼저 쓴 글에는 무릇 예수께서 행하시며 가르치시기를 시작하심부터 그가 택하신 사도들에게 성령으로 명하시고 승천하신 날까지의 일을 기록하였노라"^{사도행전 1:1~2}

누가는 "내가 먼저 쓴 글에는……"이란 말을 통해 데오빌로에게 인생의 해답 곧 예수 그리스도에 대해 전해 주었는데 그가 쓴 책이 누가복음이다.

그리스도는 믿음의 선진들이 그토록 기다려 온 '모든 것의 결론'이다. 수많은 제사장과 선지자 그리고 왕이 이루지 못한 구원을 이룬 비밀한 이름이다. 바울은 이 이름이 얼마나 귀했던지 이전에 가지고 있던 모든 것을 배설물로 여긴다고 고백했다.[빌립보서 3:8] 그리고 오로지 그리스도께 발견되기만을 원한다고 했다.[빌립보서 3:9] 도대체 '예수 그리스도'가 누구시기에 이런 말을 한 것일까?

그리스도란 '기름 부음을 받은 자'라는 뜻이다. 인간의 모든 죄의 문제를 해결한 참 제사장이요, 하나님께로 가는 길을 연 참 선지자요, 사탄의 권세를 꺾은 참된 왕이란 뜻이다. 사람의 힘으로는 도저히 해결할 수 없는 원죄를 해결한 이름이요, 지옥의 권세를 꺾은 이름이요, 흑암의 세력을 완전히 꺾은 이름이다. 이런 그리스도께서 당신의 사업에, 그리고 당신의 가정과 당신의 자녀에게 역사하신다면 어떤 일이 일어날까? 실제로 그리스도께 발견된 사람들은 모두 놀라운 응

내가 받은 은혜를 진실하게 전할 때
현장에 하나님의 능력과 성령의 역사가 일어난다.

답을 받았다. 여리고에 살고 있던 맹인과 나인성에 살고 있던 과부처럼 말이다. 바울은 그 사실을 알았기에 오직 그리스도께 발견되기만을 소원했다.

"다윗의 자손 예수여 나를 불쌍히 여기소서" 누가복음 18:38~42

예수님을 만나기만 하면 자신의 모든 문제를 해결 받을 수 있다고 생각한 맹인은 수많은 군중 속에서 힘껏 소리쳐 예수님을 불렀다. 예수님은 그의 믿음을 보시고 "네 믿음대로 될지어다"라고 하셨다. 그러자 맹인은 자신의 믿음대로 눈을 뜨는 응답을 받았다. 아들의 죽음으로 애통해 하던 나인성의 여인 또한 예수님께 발견된 후, 죽었던 아들이 살아나는 응답을 받았다. 누가복음 7:11~15 초대교회도 "땅 끝까지 증인이 되리라", 사도행전 1:8 "모든 민족에게 복음이 증거 된 이후에 끝이 오리라" 누가복음 24:14 는 결론을 가지고 있었을 때 현장에서 응답받았다. 다른 방법이 아닌 오직 '성령의 충만함'으로 응답을 받은 것이다. 사도행전 1:8

우리도 초대교회 성도들처럼 성령 충만함을 받아야 한다. 능력 중의 능력인 성령의 충만함은 기도를 통해 얻을 수 있다. 당신이 시간을 정해 놓고 성령의 충만함을 더해 달라고 기도하기만 하면 하나님은 놀라운 일을 이루실 것이다. 그리고 초대교회와 같이 되어지는 전도의 역사 속으로 들어가게 될 것이다.

교회와 현장을 연결시켜라

하나님이 주신 삶과 전도의 방법, 그 두 번째는 교회와 현장이다. 많은 기독교인들이 교회와 현장을 따로 떼어 생각한다. 하지만 교회와 현장은 연결시켜서 보아야 한다. 주일 예배를 통해 받은 은혜가 현장에서 그대로 이루어지기 때문이다.

사도행전 2장 1~42절을 보면 초대교회 성도는 예배를 통해 다섯 가지 응답을 받았다. 첫째, 예배를 통해 하나님께서 주시는 불같고, 바람 같은 참된 힘을 얻었다. 사도행전 2:2~3 둘째,

예배를 통해 열 다섯 나라에 전도의 문이 열리는 것을 보았다.^{사도행전 2:4~11} 셋째, 요엘 2장 28절에 예언 되어 있는 "내가 내 영을 만민에게 부어 주리니 너희 자녀들이 장래 일을 말할 것이며 너희 늙은이는 꿈을 꾸며 너희 젊은이는 이상을 볼 것"이라는 말씀이 성취되는 것을 보았다.^{사도행전 2:14~40} 넷째, 예배를 올바르게 드릴 때 3천 명의 제자가 일어나는 역사를 목격했다^{사도행전 2:41~42} 다섯째, 현장이 변화되는 것을 보았다.^{사도행전 2:43~45} 이것이 초대교회가 받은 응답이다.

초대교회 성도들은 교회당을 지어놓고 사람을 모집하지 않았다. 그저 마가의 다락방에 모여 언약 잡고 예배를 올바르게 드렸을 뿐인데 현장에서 역사가 일어난 것이다. 이렇듯 전도는 교회에서 받은 은혜가 현장에서 응답되는 것이다. 그러나 중요한 것은 성경대로 전도해야 한다는 것이다.

예전에 이런 일이 있었다. 어느 한 교회에서 3천 명을 목표로 총동원 전도를 했다. 그런데 총동원 전도 이후에 큰 문제가 생겼다. 전도를 많이 해 온 사람에게 상품으로 TV를 주었는데, 그 모습을 보고 전도 되어 온 사람의 마음이 상한 것이었다. '저 사람이 저걸 타려고 그렇게 열심히 교회에 오라고 했구나.'라고 생각하고 교회를 영영 떠나 버린 것이다.

이런 전도 방법으로 한국교회는 지난 10년간 성도 수가 급속히 줄었고, 지난 한 해 동안 문을 닫은 교회만 해도 숫자를 헤아리기 힘들 정도이다. 더 이상 잘못된 전도를 해서는 곤란하다. 먼저 교회는 성도들에게 성경을 바로 가르쳐야 한다. 예배와 현장에 대해 올바른 눈을 뜰 수 있도록 도와야 한다. 전도는 성령이 임할 때 권능을 받아 자연스레 이뤄지는 것임을 알려줘야 한다.

삶과 현장에서 성취되는 하나님의 말씀

하나님이 주신 삶과 전도의 방법, 그 세 번째는 삶과 현장에서 하나님의 말씀이 그대로 성취되는 것이다. 이것이 성경에서 말하는 최고의 전도 방법이며 삶의 방법이다.

물론 살다 보면 어려움이 있을 수 있다. 사도행전 4장을 보면 태어날 때부터 못 걷는 사람을 일으킨 일로 베드로는 법정에 섰고, 스데반은 복음을 전했다는 이유로 돌에 맞아 순교했다.^{사도행전 7:54~60} 초대교회 성도들은 예수를 믿는다는 이유로 도망 다녔고,^{사도행전 8:1~3} 사도행전 12장 1~25절을 보면 사도 야고보는 처형당했다. 바울 또한 복음을 전한다는 이유로 감옥에 갔고,^{사도행전 16:16~40} 복음을 막으려는 폭력배를 피해 도망쳤다.^{사도행전 17:4~5} 하지만 초대교회 성도들은 이런 핍박에 흔들리지 않았다. 왜냐하면 하나님께서 핍박 후에 도리어 큰 역사를 일으키셨기 때문이다.

초대교회에 계속되는 핍박 속에서 선교 중심의 안디옥교회가 탄생했다.^{사도행전 11:19} 아시아로 가는 문이 막힌 듯 보였지만 마게도냐에 복음의 문이 열리는 계기가 되었다.^{사도행전 16:6~10} 에베소 지역에 큰 핍박이 일어났지만 교회와 제자들이 세워지고,

하나님의 말씀을 깊이 묵상하고 기도해면
현장에 준비된 하나님의 응답이 보이게 된다.
말씀은 시대를 두고 하나님이 이루어 가실 생명의 약속이다.

훗날에는 이 지역이 로마복음화의 시초가 되었다.

지금 이 글을 읽는 당신에게도 삶과 전도가 유기적으로 맞물려 돌아갈 때 참된 응답이 올 것이다. 하나님이 주신 삶과 전도는 서로 하나가 되어 맞물려 돌아가는 쳇바퀴와 같다.

먼저 당신이 공부하는 학생이라면 학교에 가서 언약을 붙잡고 최선을 다해 공부하면 된다. 증거는 이미 와 있기 때문이다. 조급한 마음에 섣부르게 전도하려 하지 않아도 된다. 하나님과 늘 함께하는 당신의 모습을 보고 친구들이 복음에 대해 물을 것이다. 그때 복음을 전하면 된다.

만약 당신이 군대에 가는 청년이라면 군 생활에 최선을 다하면 된다. 성실하고 착실히 군 생활을 하고 있으면 하나님의 시간표가 되었을 때 전도의 문이 열린다. 그때 동료들에게 복음을 전하면 된다.

혹시 당신이 직장인이라 해도 다를 것은 없다. 바쁘게 돌아가는 세상 속에서 어떻게 전도해야 하나 염려하지 말고,

예배를 통해 얻은 참된 힘을 가지고 삶의 현장에서 다른 사람들보다 더 열심히 일하면 된다. 하나님께서 강단을 통해 주셨던 말씀이 직장 안에서 능력으로 역사할 것이다. 그러면 반드시 현장은 바뀌게 되어 있다.

당신이 사업가이거나 혹은 집에서 가족을 위해 헌신하는 가정주부, 손자의 재롱에 웃음 짓는 할아버지일지라도 이야기는 달라지지 않는다. 초대교회의 역사를 보면 모든 성도들이 삶의 현장 속에서 전도의 문이 열리고 제자가 세워지며 하나님의 살아있는 말씀이 계속 증거 되어 세계가 변화되는 증거를 보았다. 이 모든 성령의 역사는 지금도 동일하게 일어나고 있다.

혹 자신의 모습이 부끄러워 이런 응답이 오지 않을 것 같다고 생각하고 있는가? 다음의 이야기들이 당신에게 답이 될 것이다.

하루는 술을 아주 잘 마시는 사람이 복음을 듣고는 예수를 그리스도로 영접하게 되었다. 그런데 어느 날 도저히 술을 못 끊겠다고 하소연을 하는 것이 아닌가. 성령이 충만해지면 저절로 끊어질 테니 천천히 끊으라고 말하곤 돌려보냈다. 이 말에 힘을 얻은 그는 그때부터 전도를 하기 시작했다. 바로 자신과 같은 술꾼들을 전도해 오기 시작한 것이다.

"내가 예전에 술을 얼마나 많이 마셨는지 알지 않나? 그런데 예수 믿고 나서 이렇게 술을 줄이게 됐어. 당신도 나처럼 예수를 믿게나."

이 말에 사람들이 감동하여 예수님을 영접하고 교회에 나오기 시작했다. 술에 찌든 삶을 살던 그가 이제는 그리스도를 누리며 교회와 삶과 현장이 하나 된 전도자로 변했다.

한번은 어떤 검사 한 분이 찾아와 담배를 끊지 못해 교회를 떠나겠다고 했다. 담배를 피우는 것이 교회를 떠날 정도의 문제는 아니라고 말했지만 이미 마음이 돌아선 그분은 결국 교회를 떠나고 말았다. 종종 사람들은 이런 작은 문제로 흔들리기도 한다. 그러나 복음의 은혜를 깨달으면 나머지는 하나님께서 차차 해결하신다.

부목사로 있을 때 폭력배 두목이었던 사람이 복음을 듣고 교회에 등록했다. 하루는 길을 가는데 그가 친구들과 술을 잔뜩 마시고 돌아오다 나와 마주쳤다. 그것 때문이었는지 그 주에 그는 교회에 나오지 않았다. 그래서 전화를 했더니 부끄러워서 교회에 못 나가겠다고 하는 것이 아닌가. 아무래도 자기는 희망이 없고, 구원도 못 받은 것 같고, 아무 짝에도 쓸모없는 사람인 것 같다며 자책하고 있었다. 그런 그에게 나는 이런 말을 해주었다.

"성령의 충만함을 받으면 다 해결됩니다. 은혜 받고 제대로 깨닫는 것이 문제요, 말씀 듣고 신앙생활을 제대로 하는 것이 문제지 술 마신 것이 그렇게 큰 문제가 되지는 않습니다. 그렇다고 술을 계속 마시라는 뜻은 아닙니다. 당신은 하나님의 자녀이기 때문에 하나님께서 변화시켜 가실 겁니다. 걱정하지 말고 얼른 예배를 회복하세요."

많은 사람들이 이들처럼 복음을 받고도 술, 담배, 옛 체질 때문에 고민하고 있다. 그러나 분명한 것은 복음을 받는 순간 당신은 하나님의 자녀가 되었다는 사실이다. 선행을 하고 공덕을 쌓아야 하나님의 자녀가 되는 것이 아니라 예수를 그리스도라고 시인한 그 순간부터 하나님의 자녀가 되는 것이다. 하나님의 자녀가 된 순간 그전에 있던 문제와 현재의 문제, 그리고 미래에 있을 문제까지도 더 이상 문제가 되지 않는다.

하나님이 예비하신 영원한 증거

"그러나 너희는 택하신 족속이요 왕 같은 제사장들이요 거룩한 나라요 그의 소유가 된 백성이니 이는 너희를 어두운 데서 불러내어 그의 기이한 빛에 들어가게 하신 이의 아름다운 덕을 선포하게 하려 하심이라" 베드로전서 2:9

축복

하나님의 자녀가 된 당신은 당신의 가정과 가문을 살리는 제사장이며 예수 그리스도의 이름으로 모든 흑암의 세력을 꺾는 왕이며, 빛을 전달하는 선지자이다. 이것이 당신이 받은 축복이다.

확신

두 번째로 확신을 가져야 한다. 지금 당신이 당하는 그 어려움이 후에는 당신이 응답받는 발판이 될 것이라는 믿음의 확신을 가져야 한다. 모든 것을 다 잃고 죽을 것처럼 보여도 이 모든 상황이 발판이 될 것이다. 믿는 자에게는 능치 못할 일이 없다고 하셨다.^{마가복음 9:23} 무엇보다 스스로 하나님의 자녀라는 확신을 갖는 것이 중요하다. 비록 지금은 실패한 것처럼 보여도 결국에는 승리한다. 모든 저주는 하나님의 자녀가 된 순간부터 사라질 것이다. 하나님은 당신을 영원히 인도하신다.

그러나 베드로전서 5장 8절을 보면 "너희 대적 마귀가 우는 사자 같이 두루 다니며 삼킬 자를 찾나니"라고 했다. 마귀는 확신 없는 사람을 찾아다닌다. 더욱 강건한 믿음의 확신을 가지시기 바란다. 사탄은 확신 가진 사람을 감히 건드리지 못한다.

경제의 비밀

하나님은 세상을 유지하기 위해 불신자일지라도 소수의 사람들에게 경제의 큰 축복을 주셨다. 그리고 하나님은 미래를 위해 따로 경제를 준비해 두셨다. 또한 전도와 선교를 위해 경제를 따로 숨겨 놓으셨다. 과거에 영종도는 도로도 험하고 안개도 많이 끼어 인적이 뜸했던 작은 섬에 불과했는데, 지금은 인천국제공항이 들어서면서 경제적인 가치가 높아져 그 위상이 높아졌다. 이렇듯 하나님은 전도자가 생각지도 못한 사건을 통해 경제의 문을 여신다. 당신이 진심으로 전도와 선교에 대한 마음을 품는다면 하나님은 숨은 경제의 문을 열어주실 것이다.

하나님이 주신 축복은 복음 안에 모두 담겨있다. 이 복음을 굳게 붙잡을 때 복음이 당신의 영혼 깊은 곳에 자리 잡을 것이다. 그렇게 되면 하나님의 능력이 곳곳에 나타나고 끊임없이 응답이 올 것이 분명하다. 하나님이 주신 축복의 삶과 전도의 방법을 깨달은 당신에게 분명한 증거가 있을 것이다. 사업과 개인의 현장은 물론 당신의 후대에게도 이 증거가 영원히 있기를 바란다.